CLEÓPATRA

Como a última rainha do Egito
perdeu a guerra, o trono e a vida
e se tornou um dos maiores
mitos da História

Consulte nosso catálogo completo e últimos
lançamentos em **www.editoracontexto.com.br**.

CLEÓPATRA

Como a última rainha do Egito
perdeu a guerra, o trono e a vida
e se tornou um dos maiores
mitos da História

ARLETE SALVADOR

editora**contexto**

Capa
Alba Mancini

Projeto gráfico e diagramação
Gustavo S. Vilas Boas

Preparação de textos
Lilian Aquino

Revisão
Rinaldo Milesi

Coordenação de texto e de imagem
Carla Bassanezi Pinsky

Dados Internacionais de Catalogação na Publicação (CIP)
(Câmara Brasileira do Livro, SP, Brasil)

Salvador, Arlete
   Cleópatra : como a última rainha do Egito perdeu
a guerra, o trono e a vida e se tornou um dos maiores
mitos da História / Arlete Salvador. – São Paulo :
Contexto, 2011.

   ISBN 978-85-7244-637-2

   1. Cleópatra, rainha do Egito, m. 30 A.C. 2. Egito –
História 3. Rainhas – Egito – Biografia 4. Roma –
História I. Título.

11-02368	CDD-932.021092

Índice para catálogo sistemático:
1. Cleópatra, Rainho do Egito : Biografia   932.021092

2011

EDITORA CONTEXTO
Diretor editorial: *Jaime Pinsky*

Rua Dr. José Elias, 520 – Alto da Lapa
05083-030 – São Paulo – SP
PABX: (11) 3832 5838
contexto@editoracontexto.com.br
www.editoracontexto.com.br

Para Sabrina Martinelli, que me ajudou a redescobrir o prazer da escrita.

SUMÁRIO

POR QUE CLEÓPATRA?

Dos primeiros três mil anos de existência do Egito, a partir da fixação das tribos originais às margens do rio Nilo até a anexação pelo Império Romano, Cleópatra reinou durante apenas vinte. Ela poderia ser um pontinho na história da humanidade. Então, por que Cleópatra? Porque esses vinte anos se passaram durante um dos períodos mais relevantes da História — a consolidação de Roma como poder hegemônico e a ascensão de Otávio Augusto César como seu primeiro imperador. Cleópatra foi testemunha e protagonista dessa virada.

A biografia de Cleópatra se confunde com as histórias do Egito e de Roma na Antiguidade. Por isso, ao contar a vida da última rainha egípcia, este

livro descreve também o panorama político, cultural e econômico de sua época. São informações fundamentais para se compreender as razões e motivações de Cleópatra durante seu reinado. Mesmos os romances com os comandantes romanos Júlio César e Marco Antônio, que a tornaram popular no Ocidente, são apresentados sob a luz das transformações políticas daquele momento.

Este livro começa com a morte de Cleópatra, um episódio tão fascinante quanto inverossímil. Alguém poderia mesmo se suicidar deixando-se picar por uma cobra venenosa? Há muitas dúvidas sobre a veracidade dessa versão, mas ela continua viva no imaginário coletivo. Da mesma forma, as características físicas da rainha continuam a desafiar estudiosos e fãs. Ela teria sido tão bonita quanto Elizabeth Taylor no filme que consagrou a atriz como Cleópatra em 1963? O primeiro capítulo, "A desconstrução do mito", analisa e responde as indagações sobre os atributos físicos e intelectuais da rainha.

As histórias do Egito e da família de Cleópatra estão no capítulo "O Egito". Nele, o leitor saberá que Cleópatra não era egípcia, mas de origem macedônia. Ela pertencia à dinastia ptolomaica, nome derivado de Ptolomeu, o primeiro representante do clã a governar o Egito. A família ganhou o governo egípcio do conquistador Alexandre, o Grande, em 332, e permaneceu três séculos no poder. Cleópatra foi a última deles. Os

ptolomeus sucederam os faraós, os primeiros governantes. Em três mil anos de existência e trinta dinastias, os faraós ergueram o país de Cleópatra. Eles deixaram monumentos considerados até hoje maravilhas do mundo antigo, como a grande pirâmide de Gizé e vários templos religiosos.

Além do aspecto político, a vida de Cleópatra tem amor, sexo e sedução. A rainha foi amante de dois dos homens mais poderosos do mundo naquele tempo. Teve um filho com Júlio César, mais velho e maduro do que ela, e três com Marco Antônio, jovem, audacioso e ambicioso. O escritor grego Plutarco nos presenteia com descrições primorosas sobre como a rainha seduziu Júlio César e entretinha Marco Antônio com charme e inteligência. No primeiro encontro com Marco Antônio, em uma pequena localidade da Turquia, por exemplo, ela surgiu como uma deusa num barco de velas de cor púrpura, cercada por belas moças vestidas como cupidos. Essas e outras histórias de sedução estão no capítulo "Os romances".

Já o capítulo "A derrota" trata da derrocada de Cleópatra ao se tornar o centro da disputa entre Marco Antônio e Otávio, sobrinho de Júlio César, pelo comando de Roma. Amante e aliada política de Antônio, Cleópatra era apontada como a responsável pelos desentendimentos entre os dois. Influenciada por Otávio, Roma acreditava que Cleópatra manipulava Antônio com poderes mágicos, levando-o a trair os interesses e valores do próprio país em favor do Egito. Em 32, a pedido de Otávio,

Roma declarou guerra a Cleópatra – e não a Marco Antônio, o verdadeiro rival de Otávio.

No dia 2 de setembro de 31, a esquadra de Cleópatra e Marco Antônio enfrentou a de Otávio nas águas do mar Jônico, na costa da Grécia, em uma das batalhas navais mais impressionantes da história. A contenda envolveu quase mil embarcações e 200 mil homens. Terminou com a vitória de Otávio e a debandada de Marco Antônio e Cleópatra, numa manobra controversa até hoje. Teria Marco Antônio traído seus soldados, abandonando-os no meio da guerra?

A Batalha do Ácio simbolizou o fim da República e o início do Império Romano. Vitorioso, sem Marco Antônio para lhe fazer sombra, Otávio tornou-se o único líder romano. Três anos depois, foi coroado primeiro imperador pelo Senado com o nome de Otávio Augusto César. O Império Romano, ao contrário do que se poderia imaginar, trouxe paz à região, mantendo sua influência política e militar por quase quinhentos anos.

O "Epílogo" analisa o mito Cleópatra, mostrando como a imagem da última rainha do Egito modificou-se ao longo do tempo. Cada época viu Cleópatra de um jeito. Ela já foi tratada como cortesã, feiticeira e até como prostituta, embora tenha se envolvido com apenas dois homens em toda a sua vida. A imagem de Cleópatra era a pior possível. Espécie de Eva, ela aparecia como responsável por todos os erros e fracassos de Marco Antônio, enquanto ele continuava herói e modelo exemplar de soldado.

No século passado, essa imagem passou por uma revisão histórica. Cleópatra havia sido vítima de uma tremenda campanha difamatória originada em Roma. Ao se espanar o preconceito, foi possível olhar para a trajetória pessoal e para o governo de Cleópatra com isenção. Vários estudos surgiram sobre os anos de seu reinado e sua participação no destino político de Roma e do Egito. Dessa escavação emergiu uma mulher corajosa e avançada para o seu tempo, embora ambiciosa e pragmática ao lutar para manter o poder e o reino.

Cleópatra reúne todos os ingredientes de uma personagem de ficção, mas é real. Foi rainha de um país exótico e místico, mulher sensual, mãe, deusa e guerreira, tudo ao mesmo tempo. Derrotada na guerra, protagonizou o *gran finale* – deixou-se matar por uma cobra venenosa. Tudo isso explica por que a última rainha do Egito provoca tanto interesse dois mil anos depois de sua morte e faz dela uma personagem maior do que um pontinho na linha de tempo da humanidade.

Esclarecimentos sobre como este livro está escrito. Todas as datas referem-se ao período anterior à era comum (a.e.c.), designação que substitui a antiga a.C. (antes de Cristo). Para facilitar a leitura, elas aparecem sem identificação. Onde está escrito que a Batalha do Ácio aconteceu em 31, por exemplo, entenda-se que aconteceu em 31 a.e.c. Somente as datas e.c. (era comum) que podem causar dúvidas são assim indicadas. As idades dos personagens são apresentadas de forma aproximada, porque há muitas dúvidas sobre a data exata do nascimento deles.

A personagem principal, Cleópatra VII Filadelfo, é tratada apenas por Cleópatra. Outras rainhas, ao contrário, são identificadas pelos nomes e números de suas regências. As palavras de origens grega, romana e egípcia, inclusive nomes próprios, aparecem em sua grafia mais próxima ao português contemporâneo.

A DESCONSTRUÇÃO DO MITO

O SUICÍDIO DUVIDOSO

A versão mais difundida para a morte de Cleópatra é a de suicídio por picada de serpente naja. Que outro fim trágico estaria à altura dessa mulher misteriosa que desperta admiração, fascínio e controvérsias dois mil anos depois de sua morte? Os últimos instantes da vida de Cleópatra, morta aos 39 anos de idade, no dia 12 de agosto de 30, na cidade de Alexandria, no Egito, foram assim:

Cena 1

Mausoléu de dois andares construído ao lado do templo dedicado à deusa Ísis, a divindade na qual Cleópatra se inspirava. Ísis simbolizava a maternidade e a fertilidade. Era também a protetora dos necessitados, a quem defendia com poderes mágicos. Derrotada na guerra contra o mandatário romano Otávio, Cleópatra entrincheirou-se ali com todos os seus tesouros em ouro e pedrarias. Marco Antônio, marido e parceiro de guerra, está morto. Os filhos, exilados. Cleópatra usa traje branco coberto por uma túnica de cor alaranjada. Os longos cabelos negros estão presos por um camafeu no alto da cabeça, mas as pontas caem em cascata sobre os ombros. Os olhos estão marcados de kajal preto, a tradicional maquilagem das mulheres egípcias, mas ela não usa joias. Veste-se com simplicidade pouco usual para uma rainha dada à ostentação. Parece segura do que terá de fazer, embora mantenha o semblante triste e preocupado. Prepara-se para a viagem a Roma, como quer Otávio, e está acompanhada de duas camareiras, Chemiam e Eiras.

— Preciso de alguma coisa para comer — diz Cleópatra. — Algo para me sustentar durante o caminho.

— Frutas, talvez? — sugere a camareira Chemiam.

— Traga-as — diz a rainha. — Mas antes preciso escrever uma mensagem a Otávio.

— É um desperdício de palavras — comenta a outra camareira.

— Eu já desperdicei tantas palavras com tantos homens... — responde Cleópatra, como se falasse para si mesma, a voz calma e doce, um murmúrio suave.

Ela escreve a mensagem e ordena:

— Vá, entregue a mensagem aos soldados de Otávio.

Cena 2

No palácio real de Alexandria, onde a comitiva romana ainda saboreia a vitória sobre o Exército egípcio, a mensagem chega ao ajudante de ordens de Otávio, que faz menção de entregá-la ao chefe:

— Leia você mesmo — diz Otávio. — O que quer que ela deseje será feito quando chegarmos a Roma.

O outro lê a mensagem em voz alta. No último parágrafo, a rainha afirma: "Meu último desejo é ser enterrada no Egito ao lado de Marco Antônio".

Otávio levanta-se e sai às pressas.

CENA 3

Novamente, o mausoléu da rainha. Uma das camareiras chega com uma cesta de vime nas mãos e a entrega à senhora. Cleópatra está sentada num sofá e coloca o cesto no colo. Levanta ligeiramente a tampa do balaio para olhar os frutos frescos. No meio deles, num instante quase imperceptível aos olhos, uma serpente se contorce, levantando os frutos uns sobre os outros. Devagar, Cleópatra abaixa a tampa do cesto e coloca a mão e o antebraço dentro dele, como se estivesse tateando, sentindo, escolhendo a melhor fruta para comer.

— Eu me sinto estranhamente desperta — diz ela. — Como se a vida tivesse sido um grande sonho, um sonho de outra pessoa.

Seu corpo estremece ligeiramente, com um rápido e curto levantar de ombros, um torpor, uma ponta de dor.

— Mas agora — suspira Cleópatra — viverei meu próprio sonho, que nunca terminará.

Ela fecha os olhos, inclina a cabeça ligeiramente para o lado, como se estivesse prestes a desfalecer. Murmura com voz rouca, pastosa e lenta:

— Antônio, espere. Antônio...

CENA 4

Otávio entra no mausoléu e encontra o corpo de Cleópatra sobre uma lápide. As camareiras vestiram-na com trajes dos antigos faraós — uma longa túnica dourada, de ombros largos e imponentes, a imagem de rainha e deusa. Os cabelos negros estão cobertos por uma coroa de ouro e as mãos, cruzadas sobre o peito, seguram as insígnias egípcias. Uma das camareiras está morta aos seus pés. A outra, debruçada sobre o corpo de Cleópatra, soluça e respira com dificuldade. O primeiro a falar é o ajudante de ordens de Otávio:

– Foi a sua senhora quem fez isso? – pergunta.

– Foi. Agiu como o último dos nobres governantes – diz a camareira. Fecha os olhos, dobra-se para frente e morre.

fim

Cleópatra foi a última rainha de um Egito poderoso e independente, a terra dos grandes faraós, das pirâmides e dos imponentes templos religiosos. A partir de sua morte, inicia-se outra fase na Antiguidade – a do domínio e da hegemonia de Roma. O Egito só voltaria a ser um país independente muitos séculos depois, mas essa é outra história e outro Egito.

As cenas descritas anteriormente, estão no filme *Cleópatra*, produção hollywoodiana de 1963 que consagrou os atores Elizabeth Taylor e Richard Burton nos papéis principais da última rainha do Egito e do general romano Marco Antônio. Dirigido pelo cineasta Joseph Leo Mankiewicz, o filme tornou a atriz tão popular que, até hoje, se alguém for perguntado sobre a aparência da verdadeira Cleópatra, à sua mente virá a imagem da atriz no filme – jovem, de olhos azuis escuros e longos cabelos negros.

A versão do filme de Mankiewicz para a morte da rainha do Nilo é tão boa quanto qualquer outra, pois ninguém sabe como ela morreu. Aliás, não se sabe nem onde o seu corpo foi enterrado. Ainda hoje há escavações arqueológicas em andamento no Egito em busca do túmulo da rainha e de Marco Antônio, último amante e pai de três de seus quatro filhos. Quando isso acontecer – se acontecer –, poderemos ter respostas concretas para as dúvidas sobre as circunstâncias da morte de Cleópatra. Por enquanto, o que existem são versões.

A suposta forma pela qual Cleópatra morreu foi motivo de obras de muitos pintores, seduzidos tanto pelo mito em torno da figura da última rainha do Egito quanto pela peculiaridade da versão do suicídio. Vários artistas, cada um a sua maneira, procuraram representar a morte de Cleópatra. [*A morte de Cleópatra* (1892), por Reginald Arthur]

Por incrível que pareça, a versão mais aceita pelos estudiosos para a morte da rainha é a do filme norte-americano de 1963. A ideia de que Cleópatra morreu em consequência de uma picada de cobra venenosa não é invenção de Hollywood. Ao contrário, trata-se de História oficial. Essa possibilidade consta nos relatos de dois dos mais importantes escritores clássicos sobre a Antiguidade. São o filósofo e pensador grego Plutarco (veja box) e o historiador romano Cássio Dio.

Todos os pesquisadores contemporâneos consultam esses dois autores, porque eles reconstituem de forma extensa a vida na Antiguidade, embora não se possa confirmar a veracidade de todas as informações. Ambos são as fontes de referência de todos os trabalhos sobre Cleópatra, Marco Antônio e Júlio César. Até o dramaturgo inglês William Shakespeare inspirou-se em Plutarco para escrever *Antônio e Cleópatra*, uma de suas peças mais famosas.

O contador de histórias

Escritor, filósofo, prosador, pensador, historiador —, todos esses atributos ajudam a descrever Plutarco, a fonte mais caudalosa e importante para a reconstituição da vida de Cleópatra. Nasceu na Grécia e viveu entre 40 e.c. e 120 e.c., aproximadamente. Viajou por toda a região mediterrânea, incluindo o Egito e a Ásia, ouvindo e recolhendo histórias.

Acredita-se que tenha escrito cerca de 200 livros. Mas são as biografias, um conjunto de 44 pares de histórias de líderes gregos e romanos, o seu maior legado para os estudiosos contemporâneos. Nessas *Vidas paralelas*, Plutarco contou detalhes da trajetória de Júlio César, Pompeu, Marco Antônio e Otávio, entre dezenas de outros. São relatos preciosos sobre a vida naquela época, porque registram detalhes cotidianos, descrevendo cenários, roupas, comidas e até fofocas.

Plutarco menciona Cleópatra em vários livros, mas o relato mais consiste sobre ela está em *Vida de Antônio*. A obra conta a vida do general romano Marco Antônio, de quem a rainha do Egito foi amante. Nela, o autor oferece o registro mais detalhado do relacionamento dos dois. Segundo conta, muitas histórias foram ouvidas por gente muito próxima à alcova do casal.

Vida de Antônio tem um grande defeito: é tendencioso quando trata de Cleópatra. Plutarco escrevia para enaltecer seus biografados, por isso, responsabilizou a rainha do Egito por todos os fracassos de Marco Antônio. Pela lógica do escritor, Marco Antônio podia ser um fraco dominado pela mulher, mas continuava um herói, e ela, uma mulher capaz de enfeitiçar os homens com magias e feitiços.

O que diz Plutarco sobre a morte de Cleópatra? De uma coisa ele tem certeza: a rainha do Egito se suicidou, pois havia planejado a própria morte muito tempo antes de perder a guerra para Otávio. O suicídio não era comum no Egito da época, mas é provável que Cleópatra considerasse essa possibilidade para uso em situações extremas. Fala Plutarco:

> Cleópatra colecionava venenos e os testava em prisioneiros condenados à morte. Quando percebeu que os mais rápidos causavam mais dor enquanto os mais suaves demoravam a fazer efeito, passou a testar também venenos de animais, observando com seus próprios olhos os resultados. Fazia isso diariamente. Testou quase todos os animais até encontrar uma serpente cuja picada induzia a um torpor e estremecimento sem espasmos ou gemidos; apenas uma ligeira transpiração na face enquanto os sentidos iam relaxando, sem resistência alguma, como se fosse um sono profundo.

Embora admita o suicídio de Cleópatra, Plutarco mostra-se cético em relação à forma como a rainha buscou a morte. Picada de cobra? Ele também considerou a história um pouco forçada. Seu relato:

> Trouxeram à Cleópatra, dizem, uma serpente escondida sob figos cobertos de folhas: ela assim havia ordenado para que, ao pegar as frutas, a serpente a picasse sem que ela percebesse. Mas, ao abrir o cesto de frutas, teria visto o réptil. "Aí está", teria exclamado, apresentando o braço nu à serpente. Outros afirmam que ela guardava essa serpente num vaso e que o animal, irritado ao ser provocado, lançou-se sobre ela e a picou no braço. Mas nada se sabe ao certo sobre o tipo da morte. Correu o boato de que ela sempre tivera veneno escondido num camafeu que trazia nos cabelos. Mas não se viu em seu corpo mancha ou traço de veneno. Também não foi encontrada serpente no quarto. Segundo alguns, foram vistas, no braço de Cleópatra, as marcas, muito pequenas, de duas picadas. Parece que foi nesse sinal que Otávio mais acreditou. Pois, no momento de seu desfile triunfal, ele fez carregar uma estátua de Cleópatra com o braço envolvido por uma serpente.

Como se vê, a versão cinematográfica para a morte de Cleópatra é uma reprodução perfeita do relato de Plutarco — o que não quer dizer

Muitas vezes, para justificar as representações de corpos nus, os pintores recorriam a motivos históricos e, provavelmente, nesse quesito, consideraram Cleópatra uma inspiração mais instigante que algumas figuras bíblicas. [*Cleópatra com a serpente* (1630), por Guido Reni]

Quem matou Cleópatra?

A principal suspeita é a cobra naja, animal muito comum na África e no sul da Ásia. Na Índia, costuma ser utilizada pelos flautistas encantadores de serpentes nas apresentações em praça pública. Quando eles assopram as flautas, são najas que vemos saindo de cestos de vime como se estivessem dançando. Elas saem do cesto atraídas pelo cheiro de rato colocado pelos flautistas na ponta do instrumento. Trata-se de um réptil peçonhento que pode chegar a quase dois metros de comprimento.

que a informação seja verdadeira. Há uma série de razões para ouvir Plutarco com alguma dose de desconfiança. A primeira delas é que o grego nasceu muito tempo depois da morte de Cleópatra. Portanto, ele escreveu seus textos com base em relatos de terceiros, de pessoas que ouviram essas histórias de outras pessoas, que as ouviram de outras, e assim por diante. Certas passagens de seus livros são referendadas com o nome das fontes de informação, dando maior credibilidade às histórias.

Como quem conta um conto aumenta um ponto, é impossível saber se os fatos descritos por Plutarco merecem crédito, porque ele não os testemunhou. Entretanto, como ele também não os inventou, apenas os reproduziu, é possível concluir que, sim, havia uma versão corrente na época segundo a qual Cleópatra se deixou picar por uma naja. Plutarco podia desconfiar dela – a ironia em seu texto confirma isso –, mas a registrou como a ouviu. Então, o fato pode não ser verdadeiro, mas a versão é.

Como os escritos de Plutarco são baseados em histórias de terceiros, é preciso levar em conta o ambiente político e cultural em que foram contadas ao autor. Em Roma, Marco Antônio e Otávio, sobrinho de Júlio César, disputavam o controle do governo. Cleópatra era amante e aliada política de Marco Antônio. O povo romano desconfiava do Egito, que lhe parecia um país exótico e místico. Os romanos condenavam algumas práticas religiosas egípcias, como a adoração e sacrifícios de animais. A rainha Cleópatra personificava essa desconfiança, pelos seus atributos de mulher sedutora e atraente. Era comparada a uma feiticeira.

Otávio aproveitou-se desse sentimento fazendo de Cleópatra bode expiatório de sua disputa com Marco Antônio. Ele a acusava de influenciar Antônio com poderes mágicos e levá-lo a trair Roma. Poemas e pinturas da época recuperados em escavações e pesquisas arqueológicas reproduzem esse sentimento popular vigente. Assim, atacando Cleópatra, Otávio pretendia preservar a imagem de Marco Antônio.

Nesse clima de campanha difamatória, como teriam sido afetadas as pessoas que relataram as histórias da rainha a Plutarco e a Cássio Dio? A quem interessava espalhar a versão de suicídio por picada de cobra venenosa se não fosse verdadeira? Otávio teria mesmo acreditado nessa possibilidade? Bem, são perguntas sem respostas. O certo é que as histórias ouvidas pelo grego Plutarco estavam impregnadas por essa imagem negativa e preconceituosa de Cleópatra. Não merecem ir para a lata do lixo por isso, mas devem ser lidas com cautela.

Para atrapalhar ainda mais o trabalho dos historiadores na reconstituição da morte de Cleópatra, os escritos de Plutarco eram literários e poéticos. Quanto do que ele contou era real e quanto era ficção? Impossível saber. Plutarco não tinha compromisso com a verdade. Ao contrário: ele escrevia histórias para enaltecer seus biografados. Talvez, como qualquer outro escritor, tenha se entregado à tentação de contar a versão mais romântica disponível, a mais inverossímil, a mais fascinante entre tantas as que possa ter ouvido. E o suicídio da última rainha do Egito por picada de cobra venenosa é, sem dúvida, exótica e, por isso mesmo, muito atraente para um escritor.

Os pintores acadêmicos do século XIX eram fascinados pelas possibilidades decorativas da figura de Cleópatra em seus quadros. [*Cleópatra testando venenos nos condenados à morte* (1887), por Alexandre Cabanel]

Descontadas as condições em que ouviu as histórias e as características literárias de seu trabalho, Plutarco é a fonte mais utilizada para recontar a morte de Cleópatra. Afinal de contas, ele não está sozinho. Para corroborá-lo, há Cássio Dio. O relato do historiador romano, chamado *A História Romana*, tem 80 volumes e cobre quase 1.400 anos de história. Cleópatra é apenas pequena parte do seu trabalho, uma personagem.

Cássio é mais detalhista do que Plutarco, mas também dispunha apenas de fontes indiretas de informação. Como o colega grego, escreveu seus trabalhos sob o ponto de vista romano. Cássio nasceu décadas depois do reinado de Cleópatra e ouviu suas histórias de terceiros. Eis o que ele conta sobre o suicídio:

> Ninguém sabe claramente como ela morreu, porque as únicas marcas no seu corpo eram pequenos pontos escuros no braço. Alguns dizem que ela ofereceu o braço a uma serpente que lhe havia sido trazia num jarro de água ou, talvez, escondida em flores. Outros declaram que ela tinha um camafeu de cabelo com veneno especial. Ele só faria efeito em contato direto com sangue, quando poderia destruir o corpo rápida, silenciosamente e sem dor. Em circunstâncias normais, visto que ela teria usado o camafeu nos cabelos outras vezes, o veneno não faria mal algum. Naquele momento, entretanto, Cleópatra fez um pequeno corte no braço e depositou ali o veneno. Se foi assim ou de outra maneira, o certo é que ela pereceu, e suas duas camareiras com ela.

As suspeitas de Plutarco e Cássio sobre a veracidade da versão para a morte de Cleópatra por picada de cobra são consistentes. Há muitas perguntas sem respostas nessa hipótese. Como as camareiras teriam passado pelos guardas de Otávio, já que Cleópatra era prisioneira dele, sem serem fiscalizadas? Como obrigar a serpente a picar alguém? Não só uma pessoa, mas três em sequência (as duas camareiras também morreram)? Seria a morte por picada de réptil assim tão silenciosa e imperceptível?

A ciência contemporânea já respondeu a maior parte dessas perguntas – e desmontou a tese de suicídio por picada de cobra. A naja é uma cobra

Na tela do pintor Hans Makart, Cleópatra aparece acompanhada de suas duas camareiras momentos antes de todas morrerem picadas pela mesma cobra – uma versão muito popular, embora bastante duvidosa do ocorrido. [*A morte de Cleópatra* (1875)]

longa e seria quase impossível alojá-la num cesto de vime. Seu veneno é poderoso, deixa o corpo da vítima inchado e desfigurado. Apesar disso, a cobra não teria veneno e disposição suficientes para matar três pessoas em sequência. O animal ataca para se defender e escapar. O mais provável é que, sentindo-se ameaçada, a naja fizesse uma vítima e sumisse de cena.

A ausência de evidências científicas para a tese de suicídio por picada de cobra abriu caminho para versões menos glamurosas sobre a morte de Cleópatra. A mais perturbadora para os fãs, pois acaba com qualquer romantismo, é a de que foi envenenada por Otávio ou a mando dele. Segundo essa corrente de pensamento, houve um homicídio e não um suicídio naquele dia 12 de agosto de 30. Essa alternativa ganhou publicidade em 2004 ao ser apresentada em um documentário da Atlântic Productions para o *Discovery Channel*.

O documentário mostra um exercício contemporâneo de investigação criminal. Nele, uma agente do FBI, a agência de investigações dos Estados Unidos, examina a cena do crime (no caso, uma reprodução do mausoléu onde Cleópatra morreu) em busca de evidências esclarecedoras sobre as circunstâncias do suposto suicídio. A partir daí, o programa busca respostas para perguntas com pelo menos dois mil anos de idade: há sinais do réptil no aposento? As cobras e serpentes existentes na região poderiam picar e matar três pessoas? Quem estava com ela no momento de sua morte? Havia sinais de picada no seu corpo?

O resultado das investigações dos estudiosos consultados pelo programa – historiadores, arqueólogos, biólogos, médicos, egiptólogos – excluiu a tese de suicídio por picada de cobra. Tudo indica que se tratou de um homicídio. Segundo o documentário, os sinais de autoria do crime apontam para Otávio. Simples: ele tinha motivo, meios e oportunidade para cometer o crime. O motivo: o desaparecimento da rainha consolidava sua vitória política e militar. Sem Cleópatra na jogada, não haveria questionamentos sobre quem mandava no Egito.

Além disso, Otávio tinha meios e oportunidade para cometer o crime. Cleópatra era sua prisioneira. Ele poderia matá-la a qualquer momento. Aliás, ele nem precisava se dar a esse trabalho. Bastava ordenar o envenenamento a um dos guardas. É possível? Sim. Mas, cá entre nós, a versão de suicídio por picada de cobra é muito mais instigante, misteriosa e romântica.

Os registros históricos mostram que houve um longo período de tempo entre a derrota de Cleópatra e Marco Antônio na guerra contra

Otávio e a morte de ambos – o de pelo menos um ano. Os acontecimentos desse período intermediário mostram que, mesmo derrotada, Cleópatra não deixou de lutar pelo poder. Marco Antônio entregou-se ao desespero, abatido e abalado pela derrota militar. Cleópatra foi à luta. Ela tentou manter o poder sobre o Egito; se não para si, pelo menos para os filhos. A rainha só se suicidou quando não havia alternativa de sobrevivência digna. Sentindo-se encurralada, teria injetado em si mesma um dos muitos venenos conhecidos no Antigo Egito.

As circunstâncias da morte de Cleópatra, por enquanto, são só isso – possibilidades. Elas poderão ser esclarecidas quando sua tumba for encontrada. Um exame de DNA talvez possa dizer como de fato ocorreu a sua morte. Os indícios mais recentes da tumba de Cleópatra datam de 2009 e foram encontrados no templo de Taposiris Magna, a 48 quilômetros de Alexandria, na fronteira do Egito com a Líbia.

A ideia de procurar ali a tumba real foi da arqueóloga da República Dominicana, Kathleen Martinez, uma apaixonada pela história da rainha do Egito. Ela convenceu o colega Zahi Hawass, ministro egípcio para Antiguidades, de que Taposiris Magna, um templo dedicado à deusa Ísis, seria a tumba perfeita de Cleópatra. O templo fica numa encosta em frente ao mar Mediterrâneo. Cleópatra teria mandado construir ali a sua tumba, como faziam os faraós milhares e anos antes dela.

Em três anos de escavações, os pesquisadores encontraram indícios fortes para sustentar a tese da professora da República Dominicana. Eles desenterraram do lugar 22 moedas de bronze com a face e o nome de Cleópatra, um busto da rainha e uma máscara que parece representar o general Marco Antônio.

O indicativo decisivo de que se trata de um templo real foi a descoberta de um cemitério ao lado da edificação principal, onde foram encontradas 27 tumbas e 10 múmias. A presença desse cemitério significa que, na construção principal, pode estar enterrado alguém da importância de um rei. Essa conclusão se baseia na análise das tumbas dos faraós. Elas

também eram cercadas por cemitérios de outras múmias, provavelmente, gente da elite que queria ser enterrada ao lado dos reis.

A descoberta deixou os arqueólogos entusiasmados. Embalados ainda por uma pesquisa realizada com radar que identificou a existência de três possíveis câmaras subterrâneas no templo, iniciaram outra incursão no local para tentar chegar aos corpos dos dois amantes. O trabalho não tem data para terminar. Os caçadores do túmulo de Cleópatra e Marco Antônio acreditam que estão muito próximos do que seria a descoberta arqueológica mais importante do século XXI.

A BELEZA CONTROVERSA

Além das circunstâncias da morte, outra característica de Cleópatra desafia a imaginação dos fãs amadores e pesquisadores profissionais – sua aparência física. A rainha conquistou dois dos homens mais poderosos da Antiguidade – Júlio César e Marco Antônio – e enganou o primeiro imperador romano, Otávio, suicidando-se debaixo das barbas de seus guardas.

Que poderes teria ela para tanto? Fosse homem, seu sucesso seria explicado pela astúcia militar e inteligência política. Como se trata de uma mulher, acredita-se que, para conquistar homens como Júlio César e Marco Antônio, Cleópatra só pode ter sido uma mulher belíssima. Uma mulher com a aparência de Elizabeth Taylor no famoso filme de 1963, certo? Errado.

Cleópatra era uma mulher feia, se comparada à beleza da atriz. Dito de outra forma: o mais provável é que tenha sido uma mulher normal, sem nenhum atributo físico de destaque. Chega-se a essa conclusão pela análise de relatos dos autores clássicos já mencionados neste capítulo e pelas imagens representativas de Cleópatra encontradas em moedas, bustos e estátuas recuperados de ruínas no Egito, Grécia e Roma.

Esse material ajuda a compor a imagem física de Cleópatra. Ela seria assim: tinha a pele morena e a face longa. O queixo projetava-se ligeiramente para frente. O nariz era adunco; os lábios, finos. Os cabelos eram

A escolha da belíssima atriz Elizabeth Taylor para interpretar Cleópatra, em um filme lançado nas telas dos cinemas em 1963, não só se baseou na noção corrente de que Cleópatra era uma mulher excepcionalmente bonita e sexy como também colaborou para reforçá-la.

negros, geralmente presos na nuca, deixando a franja cacheada à vista. Então, essa descrição corresponde à de uma mulher bonita ou feia? Depende.

Os padrões de beleza variam com o tempo e a cultura. Mulheres rechonchudas faziam sucesso na Renascença. Hoje, proliferam as magérrimas. Portanto, mais do que a descrição das características físicas de Cleópatra, importa saber como as pessoas de seu tempo a viam.

O escritor Cássio Dio descreve-a como uma mulher de beleza rara. "Quando jovem, era arrebatadora", afirmou ele. Já Plutarco limitou-se a dizer que a beleza de Cleópatra não era nada especial. Nenhum dos dois a viu. Ambos basearam-se em opiniões de terceiros para falar dela. Portanto, Cleópatra pode ter sido bela aos olhos de uns e feia aos olhos de outros. E agora?

A suposta beleza de Cleópatra virou lenda. Muita gente acredita que ela tomava banho com leite de cabra para manter a pele sempre jovem. Prova do sucesso da receita – verdadeira ou não – são os inúmeros spas e salões

O nariz de Cleópatra

A rainha do Egito tornou-se símbolo de beleza e sensualidade feminina, protótipo da *femme fatale* no mundo Ocidental, mas o formato do seu nariz nunca foi consensual. Algumas moedas apresentam-na com um nariz pontudo e adunco. Nos dias atuais, seria candidato ao bisturi do cirurgião plástico. É possível que fosse sinal de autoconfiança e poder na época. Já estátuas e bustos mostram Cleópatra com um nariz... normal, digamos assim, e até sem nariz.

Muitos anos depois da morte de Cleópatra, o filósofo francês Blaise Pascal comentou o nariz da rainha e criou polêmica. Segundo ele, se o nariz dela fosse menor, o mundo seria diferente. O que ele quis dizer com isso? A frase recebeu várias interpretações. Acredita-se que Pascal tenha dito que ela não teria a dimensão política que alcançou se o nariz fosse outro, uma forma figurada de se referir a pequenos detalhes capazes de mudar a história da humanidade.

Se Cleópatra era mesmo tão bela como diz a lenda e se os
padrões de beleza variam com o tempo e a cultura, por que não
uma Cleópatra de cabelos cacheados e loiros, pele branquinha
e corpo carnudo, tão ao gosto dos europeus do século XVII?
[*Cleópatra 2* (ca.1674-75), por Benedetto Gennari]

de beleza dedicados à estética feminina que oferecem tratamentos "*a la* Cleópatra". Diz-se também que ela era *expert* em cosméticos e perfumes.

Mesmo que tudo isso fosse verdade, é preciso levar em conta um elemento inegável e demolidor ao se imaginar a aparência da rainha. Na época de Cleópatra, faltavam os recursos médicos e os medicamentos de hoje. Recorria-se a métodos naturais e místicos de tratamento de saúde e beleza. Na Antiguidade, a expectativa média de vida era de apenas 33 anos. Assim, cabe perguntar: em que condições estariam os dentes dela e de todos os outros personagens?

Pesquisadores contemporâneos ainda não chegaram a um consenso sobre a aparência física de Cleópatra. Bustos, estátuas e moedas com a face da rainha trazem representações diferentes. Como isso é possível? Objetos como esses nem sempre eram feitos para mostrar a imagem verdadeira de um governante. Ao contrário, serviam de instrumento político dos soberanos, pois boa parte do povo não os via pessoalmente. As viagens eram difíceis e longas e – é bom lembrar – não havia imprensa, fotografia, televisão e internet na Antiguidade.

A arte atendia aos interesses dos donos do poder. Moedas, por exemplo, eram cunhadas para celebrar ocasiões especiais, homenagear alguém ou mandar uma mensagem ao povo. Se quisesse reforçar a imagem de poderoso e rigoroso, o rei aparecia com semblante sério na moeda. Se, ao contrário, quisesse parecer complacente aos olhos dos súditos, estaria com a face descansada, tranquila e até juvenil.

Já estátuas e bustos eram esculpidos ao gosto do freguês, ou seja, de acordo com o desejo de quem encomendou o trabalho ao artista. Se fosse homenagem de uma pessoa à outra, o artista certamente reproduziria o melhor ângulo do modelo. Ele poderia até "embelezar" o produto final. Ou alguém acha que o escultor criaria uma obra com a pior imagem do homenageado? Assim, é possível questionar até os achados arqueológicos. Até que ponto reproduzem com fidelidade a face de Cleópatra?

Existe outro complicador na análise das imagens da rainha recuperadas em escavações arqueológicas. Como saber se elas, de fato, representam

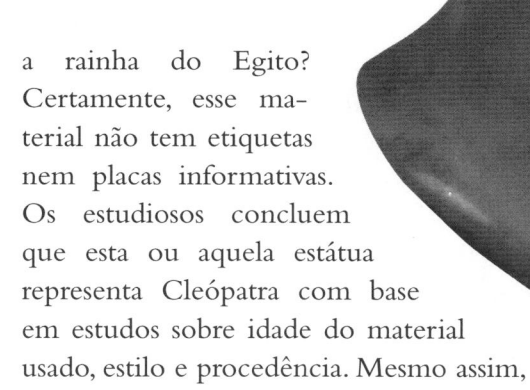

Mesmo imagens feitas na Antiguidade – em murais, moedas, esculturas – não podem ser tomadas como representações "fiéis" da aparência de Cleópatra, pois nem sempre eram produzidas com esse objetivo. Às vezes, respondiam a interesses políticos de passar determinadas mensagens aos contemporâneos e à posteridade.

a rainha do Egito? Certamente, esse material não tem etiquetas nem placas informativas. Os estudiosos concluem que esta ou aquela estátua representa Cleópatra com base em estudos sobre idade do material usado, estilo e procedência. Mesmo assim, como ter certeza? Dúvidas como essas dificultam a descrição real da compleição física de Cleópatra.

Por tudo isso, há imagens mais e menos bonitas da rainha. Em algumas moedas, ela aparece de perfil. O nariz fino e adunco e queixo proeminente se destacam. Segundo critérios ocidentais contemporâneos, seria a imagem de uma bruxa. Em compensação, o Museu Hermitage, em São Petersburgo, na Rússia, mostra uma estátua de mulher em basalto, uma rocha escura. Acredita-se que seja uma obra criada em homenagem à Cleópatra. Pode não ser a representação física exata dela naquele momento, mas traduz a ideia que se tinha dela: uma deusa, magra e negra.

Já objetos do Museu de Arte da Inglaterra contam outra história. Uma lâmpada romana mostra uma figura feminina pornográfica, provável item da campanha de difamação do imperador Otávio contra Cleópatra. Nela, há o desenho de um crocodilo, um dos símbolos do Egito, um falo humano e, acima dele, uma rainha nua. A imagem é agressiva, quase um insulto até para os padrões atuais, mas revela como Cleópatra era vista naquele momento, logo depois de sua derrota na guerra contra Otávio e de seu suicídio.

A aparência física de Cleópatra talvez permaneça um mistério para sempre, como acontece com as circunstâncias de sua morte, porque faltam evidências definitivas para descrevê-la. Os autores clássicos são econômicos ao fornecer detalhes físicos. Justamente por isso, acredita-se que os atributos físicos dela fossem secundários – ela não tinha nenhuma característica de beleza destacada, mas também não era nenhum monstro.

Se faltam informações conclusivas sobre a compleição física de Cleópatra, sobram especulações e teses. Uma delas garante que Cleópatra era negra. A revista norte-americana *Newsweek* chegou a publicar, em 1991, uma edição cuja reportagem principal tratava da possível negritude de Cleópatra. Essa possibilidade baseia-se nos detalhes da origem familiar da rainha. Como uma das correntes de historiadores defende que a mãe dela era egípcia e não uma mulher branca de origem europeia, Cleópatra poderia ter pelo menos ¾ de sangue africano – nesse caso, poderia muito bem ter sido negra.

A tese ganhou força com a divulgação das análises do crânio e do esqueleto de uma ossada feminina de dois mil anos encontrada numa tumba em Éfeso, na Turquia. Pesquisadores do Instituto Arqueológico Austríaco identificaram-na como sendo a irmã de Cleópatra, Arsinoe. Os resultados dos testes na ossada indicaram que Arsinoe tinha características físicas africanas. A partir daí, os cientistas concluíram que Cleópatra deve ter tido a mesma origem.

Num instigante artigo reproduzido pelos *Cadernos Pagu*, da Universidade de Campinas, em 2004, a pesquisadora norte-americana Ella Shohat analisou a representação iconográfica de Cleópatra durante o século XX, quando entrou em discussão a cor de sua pele. Segundo a professora, estabelecer se Cleópatra foi negra, africana e egípcia, de um lado, ou branca, greco-macedônia e europeia de outro, é parte da velha disputa cultural entre Ocidente e Oriente.

A pesquisadora acredita que as discussões sobre aparência física, origem familiar e papel social de Cleópatra revestem-se de interesses políticos e ideológicos. Resgatada politicamente por se tratar de um mito de grande alcance popular, Cleópatra é utilizada como símbolo tanto pelos defensores dos valores ocidentais quanto pelos "advogados" da cultura oriental. Nada mau para quem era considerada uma cortesã da história. Diz a professora na conclusão de seu trabalho:

> [...] a Cleópatra histórica não só ofuscou e desorientou seus amantes, mas também ofuscou e desorientou arqueólogos, egiptólogos, historiadores, artistas, escritores e cineastas. Cada época e cada cultura parecem projetar sua própria Cleópatra, visualizando-a de uma maneira nova. Olhar a história das representações de Cleópatra, consequentemente, traz muita informação sobre como sua imagem foi encenada por diferentes discursos. O fato de que diversos movimentos tenham reivindicado Cleópatra com paixão sugere não só o incrível impacto da rainha na história, mas também as diversas maneiras em que a própria história é filtrada e alegorizada através dos interesses presentes de seus leitores/escritores [...]. Cada "tomada" de Cleópatra revela não só uma faceta da mesma, mas também uma faceta de quem a representa e, mais importante, revela a natureza dos prismas através dos quais Cleópatra foi vista e imaginada.

Quando se trata dos atributos intelectuais de Cleópatra, entretanto, os historiadores são convergentes. Ela era inteligente, culta e charmosa: falava pelo menos oito línguas, inclusive algumas bárbaras. Entre os ptolomeus, foi a única a falar egípcio − a língua falada na corte, assim como a dos documentos oficiais, era o grego. Cleópatra também era versada em filosofia, alquimia e matemática. Conhecia música e poesia. Segundo o escritor Plutarco, tinha um "charme irresistível" e sua presença,

Independentemente de sua aparência física, sobre a qual existem grandes divergências, não há dúvida de que Cleópatra foi uma mulher inteligente, culta e charmosa. [*Cleópatra* (1911), por Gyula Benczúr]

"combinada com a força de seu discurso", era algo estimulante. Tanto ele quanto o romano Cássio Dio destacaram o tom e o encanto da voz da rainha. "Havia doçura no tom de sua voz", afirmou Plutarco.

Como se vê, Cleópatra encantou os homens mais poderosos da Antiguidade com o tom suave da voz, com o charme envolvente e com a capacidade intelectual, embora não fosse particularmente bonita. Quem diria, hein?

A PERSONALIDADE GUERREIRA

Cleópatra teria nascido no início de 69 ou final de 68, a segunda das cinco crianças do rei Ptolomeu XII, que governou o Egito entre os anos 80 e 51. Suas duas irmãs mais velhas eram Berenice e Arsinoe e os irmãos eram dois Ptolomeus – os de números XIII e XIV. A data exata do nascimento de Cleópatra não aparece nos registros históricos. Calcula-se a idade dela retrocedendo a data da morte (12 de agosto de 30), identificada nos relatos do escritor Plutarco. O nome de sua mãe é outro mistério – ninguém sabe dizer com certeza quem foi ela.

Na falta de documentos sobre o nascimento da rainha, os historiadores se debruçaram sobre outros detalhes da vida na corte dos ptolomeus para inferir sua origem materna. Parte dos historiadores acredita que a mãe de Cleópatra tenha sido Cleópatra V, primeira esposa de Ptolomeu XII. Outra vertente acredita que a mãe dela tenha sido uma egípcia. Os dois lados têm argumentos consistentes para defender seus pontos de vista.

Os que acreditam que fosse filha de uma egípcia, provavelmente resultado de um relacionamento extraoficial de Ptolomeu XII com uma africana, argumentam que ela falava a língua egípcia. Cleópatra foi a única

entre os seus parentes a aprender a língua nativa. Todos os outros falavam apenas grego. Os que discordam dessa tese lembram que filhos ilegítimos não tinham direito ao trono. A linha sucessória se dava apenas entre os herdeiros de casamentos legítimos. Portanto, por exclusão, conclui-se que a mãe dela tinha origem europeia. Seria, mesmo, Cleópatra V, embora seu nome não conste de nenhuma fonte oficial.

Também não há registros sobre a infância e a adolescência de Cleópatra, o que torna a tarefa de explicar sua educação primorosa e refinada quase um exercício de adivinhação. O que teria feito Cleópatra na infância e na adolescência? Onde teria vivido? Que tipo de educação teria recebido? Há apenas suposições para preencher esse vazio na história da futura rainha.

Alguns pesquisadores acreditam que ela possa ter tirado proveito da vida cultural de Alexandria. A cidade dispunha de um centro educacional, construído por Ptolomeu II, para onde convergiam filósofos, físicos, astrônomos, matemáticos e médicos do mundo todo para estudar e pesquisar. A cidade também sediava a maior e melhor biblioteca da época, com cerca de 700 mil pergaminhos. A menina Cleópatra pode ter estudado lá.

Outra possibilidade é que tenha tido tutores particulares, intelectuais contratados para educar os integrantes da família real. Não há nenhum registro sobre isso nos documentos disponíveis, mas a contratação de tutores para cuidar da educação de futuros regentes era comum na época. Os filhos de Cleópatra, mais tarde, ficaram sob os cuidados de encarregados desse tipo.

Ainda assim, dúvidas persistem. Na época, mulheres não eram preparadas para reinar. Elas até podiam se tornar regentes, mas em condições

A Cleópatra no traço de Michelangelo Buonarroti é bem jovem, tem rosto suave e uma expressão quase ingênua. O caráter sedutor que consagrou o mito da rainha do Egito fica aqui por conta da sinuosidade das linhas do pescoço, da trança e da cobra que envolve o seio à mostra. [*Cleópatra* (1533-34)]

temporárias, até que um rei conveniente fosse encontrado para substituí-las ou desposá-las. Não se esperava que as mulheres aprendessem a ler, a escrever e a planejar estratégias militares e comandar ataques navais, como fez Cleópatra na vida adulta. De onde a rainha teria tirado esse aprendizado?

No Egito, as mulheres usufruíam de liberdade maior do que suas colegas gregas e romanas. Elas podiam andar desacompanhadas, decidir casamento, pedir divórcio e criar filhos sozinhas. Tinham propriedades, administravam, bens e dinheiro. Na corte, podiam acompanhar os negócios de Estado, preparando-se para a posição de rainha. Mas essa brisa de liberdade nem de longe explica a educação primorosa de Cleópatra.

Outros historiadores entendem que a verdadeira escola da rainha foi a vida no palácio dos ptolomeus. Cleópatra presenciou de tudo nos corredores reais – disputas fratricidas, subornos, alianças espúrias e incontáveis traições políticas. O reinado de seu pai, Ptolomeu XII, foi uma batalha constante pelo poder, uma sucessão de manobras traiçoeiras pela manutenção do trono.

Vejamos, então, como vivia a corte ptolomaica onde Cleópatra cresceu. O incesto era tolerado e estimulado, pois era visto como vantajoso para os negócios da família. As uniões intrafamiliares reduziam o número

de integrantes do clã, permitiam um controle maior sobre quem era quem e selecionavam parceiros de acordo com conveniências econômicas e políticas.

A prática do incesto também almejava a identificação da família real com o povo egípcio por meio da religiosidade. Os deuses do panteão egípcio casavam-se com irmãos, como fizeram Osíris e Ísis, as divindades mais conhecidas e veneradas pelo povo. Os ptolomeus acharam por bem imitá-los como forma de demonstrar seu apreço pela religiosidade local. Se os deuses podiam, os reis, que queriam ser deuses, também podiam. Quem inaugurou a era dos incestos na corte ptolomaica foi o rei de número II, que se casou com a irmã Arsinoe II, por volta de 270.

Ao mesmo tempo, a sociedade real ptolomaica era polígama. Os reis costumavam ter uma esposa oficial, a consorte para acompanhá-lo em cerimônias oficiais, e outras esposas extraoficiais ao mesmo tempo. A poligamia era praticada sem constrangimento. Essas esposas de segunda categoria viviam em palácios-haréns e seus filhos eram herdeiros de segunda classe. Para efeito de sucessão ao trono, o que valia era ser filho do casal oficial. Entretanto, na falta de um homem disponível entre os herdeiros de verdade, apelava-se aos filhos das "outras". Era o caso de perder os anéis para não perder os dedos.

Foi o caso do pai de Cleópatra, Ptolomeu XII. Mesmo sendo considerado bastardo, ele foi indicado ao trono egípcio em 76 na falta de um herdeiro homem entre os legítimos. Ptolomeu XII recebeu a coroa quatro anos depois, mas, sem a legitimidade garantida por sangue, teve um reinado difícil e conturbado. O rei era constantemente desafiado tanto pelos poderosos de Roma quanto pelos parentes próximos.

O próprio Ptolomeu XII não era nenhum modelo exemplar de rei. Bebia e comia demais. Ironicamente, era chamado de Aulete (flautista) por sua inclinação ao entretenimento. Ele conseguiu evitar a invasão romana ao Egito à custa de suborno e da transferência de imensos recursos do país a Roma. Mesmo assim, os senadores da República continuavam a olhar para o Egito com cobiça. Eles consideravam o

Egito uma terra de degenerados que se casavam com parentes e cultuavam animais, mas, sobretudo, viam-no como uma joia riquíssima ao alcance da mão.

Por dentro da dinastia Ptolomaica, a disputa era sangrenta. Os remanescentes de outros ramos da família desafiavam o poder do parente de número XII. Parcela dos ptolomeus nunca se conformou com o fato de o reino ter caído no colo de um bastardo. Não raro, havia disputas resolvidas com a morte do concorrente. O próprio Ptolomeu XII mandou matar a filha Berenice, irmã mais velha de Cleópatra, anos mais tarde. Antes dele, Ptolomeu IX tinha matado a mulher, outra Berenice.

As decisões de Cleópatra na vida adulta parecem ter sido moldadas pelas circunstâncias do reinado do pai e pela conjuntura política da época. Quando ela assumiu o trono, a dinastia ptolomaica estava decadente e o Egito, à beira da falência, com enormes dívidas. Para sobreviver, ela precisava alcançar três objetivos claros. O primeiro era manter um bom relacionamento com Roma. Um passo em falso e o Egito seria engolido pelo exército romano e, os ptolomeus, mortos. O segundo, controlar a oposição interna. O terceiro era, conquistar o apoio da população egípcia.

Ptolomeu XII enfrentara os mesmos problemas por ser considerado bastardo, mas Cleópatra tinha um agravante. Além de jovem, era mulher. E mulheres não governavam o Egito sozinhas. Por isso, seu pai nomeou-a corregente com o irmão Ptolomeu XIII, então uma criança de 10 anos de idade. Para ser independente e governar de fato, Cleópatra precisava desesperadamente de apoio político masculino. Mais ainda: precisava de herdeiros, de preferência um menino, a quem pudesse preparar para ser rei no futuro.

Foi com esse cenário de dificuldades à frente que Cleópatra assumiu o trono do Egito, aos 20 anos, em 51. Não se sabe de onde tirou os recursos intelectuais e conhecimento político para governar, administrar o país e guerrear. O que se sabe é que, ao estrear como rainha, já entrou em cena pronta, como uma mulher feita, sedutora e convicta de suas posições.

Como Cleópatra conseguiu ser tão talentosa ao governar o Egito? Os egípcios antigos poderiam responder que a deusa Ísis a inspirava... O pintor Frederick Arthur Brigdman, no século XIX, retratou a rainha no templo de Ísis na ilha de Filas (*Philae*). (Essa ilha foi inundada para a construção da Barragem de Assuã, no século XX; o templo de Ísis foi desmontado e reconstruído na ilha próxima de Agilkia). [*Cleópatra nos terraços de Filas* (1896)]

O EGITO

A TERRA DOS FARAÓS

Para entender – e imaginar – o Egito de Cleópatra é preciso levar em conta dois fatores. Um é geográfico: o rio Nilo. Foi às margens desse rio caudaloso e extenso que os primeiros egípcios fixaram residência e construíram seu modo de vida, valores e cultura. O outro é religioso. Os antigos egípcios tinham uma profunda ligação com os deuses – no plural, porque havia muitos deles. Acreditavam na vida após a morte e veneravam os reis, a quem atribuíam poderes divinos. Aos poucos, deuses e reis se fundiram na figura dos faraós a ponto de não haver distinção entre eles.

O Nilo serpenteia por três países africanos até desemborcar no mar Mediterrâneo. Ao aproximar-se do litoral, já no Cairo, divide-se em dois braços de água formando uma vasta e fértil região conhecida como o delta do Nilo (por representar a forma de um triângulo). O rio tem de 10 a 20 quilômetros de largura e 6.650 quilômetros de extensão – só perdendo em extensão para o rio Amazonas. Os primeiros egípcios fincaram suas raízes ali, uma extensão de mil quilômetros às margens do Nilo por volta do ano 3000.

Os primeiros habitantes egípcios viviam num oásis. Tiravam tudo o que precisavam para viver do rio Nilo – água, comida e transporte. Com o passar do tempo, perceberam que, depois das enchentes de março a setembro, quando o rio transbordava e inundava tudo às suas margens, restava uma enorme área de terra coberta por húmus, um eficiente fertilizante natural. Ali começaram a plantar e a criar animais domésticos.

Aos poucos, tornaram-se tão bons agricultores que o Egito chegou a ser considerado o celeiro do Oriente na Antiguidade por causa de sua produção de grãos. Os egípcios plantavam trigo, cevada, ervilhas e frutas. O papiro era abundante na região e suas folhas serviam tanto para fazer papel quanto para tecer cestos, vestimentas e outros utensílios de uso cotidiano.

Rapidamente, as vilas se desenvolveram com o aperfeiçoamento das técnicas de plantio e controle das colheitas. Ao longo do Nilo, os egípcios construíram diques para evitar a destruição das plantações e dos animais durante as cheias. Ergueram barragens para armazenar água, formando grandes lagos, e criaram técnicas de irrigação do solo. A primeira barragem de que se tem notícia no mundo foi construída no Nilo, na cidade de Tebas (hoje, Luxor), por volta de 1500.

Com o tempo e as experiências práticas, os egípcios tornaram-se engenheiros hábeis e criativos, talento responsável pela construção das futuras pirâmides, templos e palácios reais por todo o país – muitos, de pé até hoje. As técnicas de construção usadas pelos egípcios ainda desafiam estudiosos de arquitetura e engenharia. Não se sabe com certeza como os

Obra perfeita

A Grande Pirâmide de Gizé, a maior entre as três do Planalto de Gizé, nos arredores do Cairo, é a única maravilha do mundo, entre as sete, ainda de pé. Trata-se de um mausoléu construído por volta de 2550, com 150 metros de altura e 230 metros quadrados de base. Ali foi enterrado o corpo mumificado do faraó Quéops. Ele reinou por 63 anos, teve quatro esposas e dez filhos.

Ao lado da Grande Pirâmide, há outras duas construções menores, que abrigavam as múmias dos faraós Quéfren e Miquerino, filho e neto de Quéops. Há também pequenas outras pirâmides onde estavam sepultadas esposas, nobres e escribas, integrantes da nobreza da era faraônica. Na frente das pirâmides, como para protegê-las, vê-se a esfinge. Monumental figura de 20 metros de altura, com cabeça de homem e corpo de leão, foi construída em pedra calcária a mando do rei Quéfren.

Os estudos arqueológicos sobre as pirâmides revelam que os egípcios usaram conhecimentos avançados de matemática e engenharia para construí-las. Enquanto outros povos caçavam, eles erguiam pedras de 2,5 toneladas. Na Grande Pirâmide foram usados 2,3 milhões desses blocos, todos do mesmo tamanho e encaixados uns aos outros com precisão. Os quatro lados da pirâmide também têm a mesma medida. O revestimento externo resplandecia ao sol.

A pirâmide de Quéops precisou de 20 anos e de pelo menos 100 mil homens para ser construída. Não se sabe exatamente quem eram esses trabalhadores. Alguns historiadores entendem que eram escravos — estrangeiros capturados em guerras contra povos rivais. Outros acreditam tratar-se de "funcionários públicos", gente contratada pelo governo do faraó e sustentada a pão e cerveja. Mas também podiam ser fiéis trabalhando de graça para agradar ao faraó e aos deuses.

trabalhadores ergueram pedras de 2,5 toneladas a 150 metros de altura do solo para construir a Grande Pirâmide de Gizé, por exemplo.

O Nilo era a rodovia do Egito. Os produtos agrícolas chegavam aos mercados do Oriente transportados em barcos construídos pelos próprios egípcios. Gente ia e vinha pelas águas do Nilo. A facilidade de navegação explica parte da popularidade dos reis e faraós – eles podiam visitar os súditos com frequência, participando de celebrações religiosas e atos de governo. Numa época sem nenhum outro tipo de comunicação, precisavam ser vistos pelo povo para serem amados e respeitados como reis e deuses.

Os primeiros moradores da região viviam uma religiosidade natural: atribuíam aos deuses a responsabilidade por todos os fenômenos da natureza. Os deuses, segundo a crença da época, faziam o sol nascer e controlavam as enchentes do Nilo e o sucesso da colheita. Nada de bom ou ruim acontecia sem a permissão divina. Os deuses mantinham a ordem no mundo. Com tanto controle sobre a sobrevivência humana, essas entidades eram veneradas e homenageadas com orações, festivais e sacrifícios.

Havia deuses para tudo e mais de um para cada determinado evento. Os deuses conviviam entre si ou desapareciam, sendo substituídos por outros. Podiam ser venerados em apenas algumas vilas ou se tornarem divindades nacionais. O deus mais conhecido do panteão egípcio nos primeiros séculos era Rá, o deus Sol, a origem da vida e da energia vital, o responsável pelas cheias do rio, pela colheita, pela seca e pela inundação.

Depois dele, havia Osíris. Ele também ocupava lugar privilegiado na mitologia. Osíris era o guardião do paraíso. Como os egípcios acreditavam na vida após a morte, Osíris era especial porque cabia a ele decidir

O *Mosaico do Nilo*, um dos mais famosos do mundo antigo, feito por volta do ano 100 e.c., mostra riquezas do Egito proporcionadas pelo rio Nilo, além da fauna e da flora presentes em suas margens inundadas. [imagem parcial]

quem entraria no céu. Ao lado de Osíris estava Ísis, irmã e esposa, a deusa da maternidade e da fertilidade (veja box). Osíris e Ísis eram pais de Hórus, outro deus sol.

A ligação dos antigos egípcios com elementos divinos e místicos era tão intensa que os reis se enciumaram dos deuses. Assim, aos poucos, para conquistarem a devoção e o amor dos súditos, foram assumindo características divinas. Então os deuses se casavam com irmãos, pais ou mães? Pois os mortais também o fariam. Vem daí a tolerância no Egito com o incesto nas famílias reais.

Os egípcios recorriam à deusa Ísis, irmã e esposa de Osíris, especialmente quando os assuntos eram fertilidade, maternidade e casamento. [Templo de Ísis, antes localizado na ilha de Filas, agora em Agilkia]

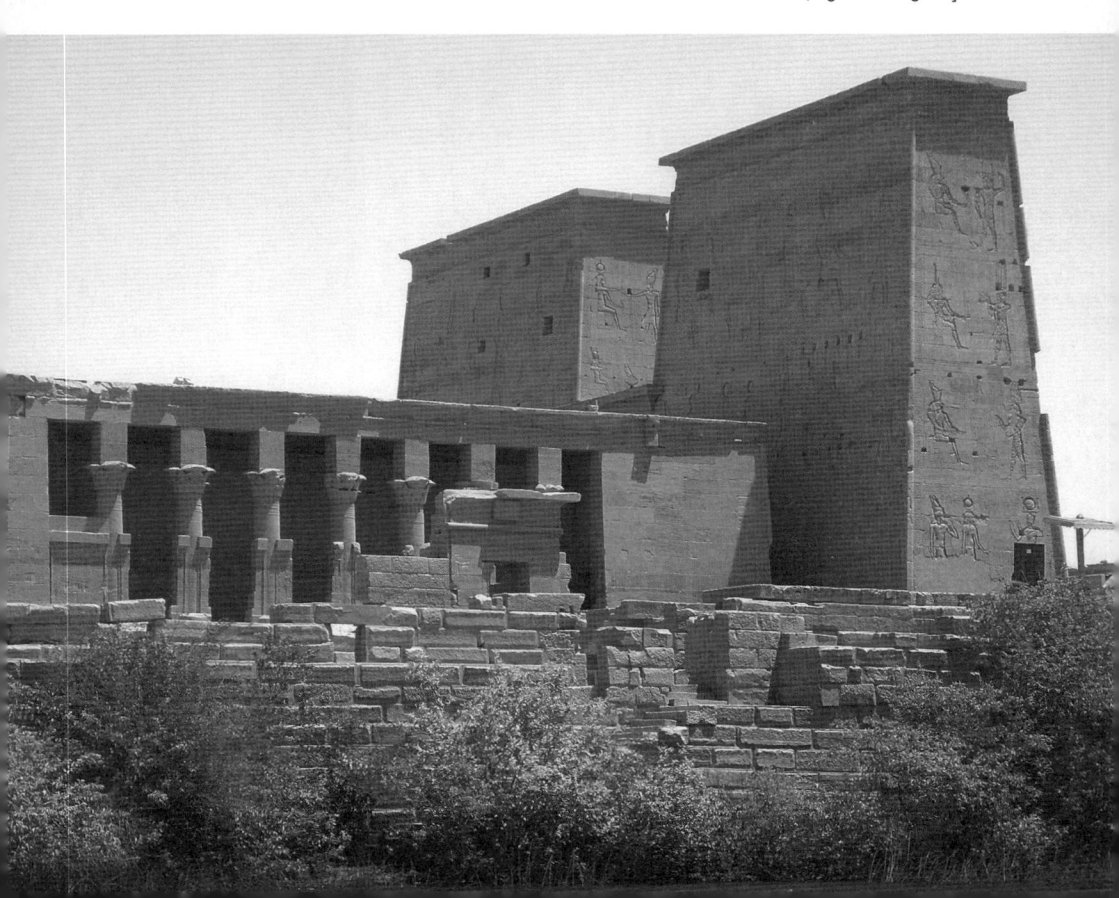

Reis e deuses acabaram se tornando uma pessoa só, simbolizada pelo faraó. Ele era o líder político, o comandante militar e o administrador, mas também o sumo sacerdote e a personificação de deus. O primeiro faraó do Egito foi Menes. Ele unificou as tribos, antes divididas em dois reinos, e liderou-as para se estabelecerem às margens do Nilo. O período faraônico teve 30 dinastias (famílias que se sucederam no poder por hereditariedade) e durou mais de três mil anos.

Historicamente, o Egito faraônico é dividido em três fases – Velho (2686-2134), Médio (2040-1640) e Novo (1552-1070) Impérios. Na fase do Velho Império, surgiram os primeiros monumentos de pedra dedicados aos deuses e aos reis. Durante o Médio Império a tendência se consolidou e surgiram as pirâmides de verdade – verdadeiros mausoléus onde os corpos dos faraós eram sepultados até que o deus Osíris os resgatasse para a vida eterna. Ainda hoje, existem 80 pirâmides em pé no Egito.

As dinastias do Novo Império preferiram escavar tumbas nas montanhas em vez de erguer pirâmides. Era uma forma de proteger os túmulos dos saqueadores e vândalos. Foi o que fez o faraó-menino Tutankamon, cuja tumba foi construída no interior de uma montanha às margens do rio Nilo na região de Tebas, a segunda capital faraônica. Estava tão bem escondida que os arqueólogos tiveram muita dificuldade para encontrá-la – e os bandidos também. A tumba de Tutankamon fica no Vale dos Reis, um complexo de mais de 60 tumbas de nobres e faraós, e foi encontrada intacta.

O Novo Império representou uma fase gloriosa para o Egito. Nessa época, o país era uma espécie de superpotência e sua capital, Tebas, a cidade mais rica do mundo. Datam desse período alguns dos monumentos de pedra mais significativos da Antiguidade. O faraó Seti I, fundador da 19ª dinastia, construiu o templo dedicado ao deus Amós. Seu filho, Seti II, mandou erguer o templo dedicado ao deus Osíris, e o filho deste, Ramsés II, um monumental complexo de capelas, templos e câmaras, todos nos arredores de Tebas.

Os faraós dedicavam muito tempo e ouro à construção dos seus túmulos, fossem pirâmides ou tumbas. Pensavam nisso desde o primeiro

Os segredos de Tutankamon

Um dos faraós mais conhecidos do Antigo Egito é Tutankamon. Integrante da 18ª dinastia, já no Novo Império, morreu em 1324 com 19 anos e era filho do marido da não menos famosa rainha Nefertiti. Mas atenção: Nefertiti não era mãe dele, como comprovaram alguns exames modernos de DNA.

A tumba do faraó menino, como ficou conhecido ao assumir o posto aos 9 anos, foi descoberta em 1922 pelo inglês Howard Carter e revelou-se um dos mais importantes achados arqueológicos contemporâneos. Ao contrário das 62 outras tumbas encontradas na mesma região, a de Tutankamon estava intacta; escapara da fúria de vândalos e saqueadores.

Localizada no Vale dos Reis, às margens do rio Nilo e a 670 quilômetros do Cairo, a tumba continha cerca de 5 mil itens de importância histórica e arqueológica. Havia muitas joias e objetos de arte e de decoração dispersos em várias câmaras sob a terra. A tumba revelou-se um palácio encravado na montanha. O mais espetacular item da lista de descobertas é a múmia do próprio faraó, hoje exposta à visitação pública na tumba. Outros destaques são a máscara mortuária (veja foto) e a urna funerária, ambas em ouro maciço.

Durante muito tempo especulou-se sobre as causas da morte de um faraó tão jovem. Um sinal de ferimento na cabeça da múmia levantou a suspeita de que Tutankamon tivesse sido assassinado. Eram apenas especulações. A ciência moderna, com o uso de técnicas avançadas de estudo de DNA, desfez o mistério. A causa da morte do faraó não poderia ter sido mais prosaica. Tudo indica que Tutankamon tenha morrido de malária associada a outras doenças degenerativas, provavelmente decorrentes de relacionamentos entre parentes, como era comum na época.

A ciência contribuiu para desfazer outra lenda associada à tumba de Tutankamon. O lugar era considerado amaldiçoado, já que vários operários morreram de causas estranhas durante as escavações. Era como se o deus-rei tivesse se revoltado contra a invasão de sua morada eterna. A "maldição da múmia" era reforçada por uma inscrição perturbadora na parede da tumba. Dizia: "A morte tocará com suas mãos aquele que perturbar o sono do faraó".

Esse mistério também durou pouco. Autópsia realizada nos pulmões de algumas vítimas mostrou que elas morreram de pneumonia provocada por um fungo poderoso, acostumado a viver em lugares cavernosos. Os especialistas acreditam que os trabalhadores foram infectados pela inalação dos esporos do fungo dispersos no ar da tumba.

minuto no poder e acumulavam riquezas para levar consigo ao paraíso depois de mortos. Por isso, seus túmulos continham não apenas o corpo mumificado, mas pertences pessoais, objetos de arte e decoração, joias, pedras preciosas e até comida, água, perfumes e óleos. Os mortos esperavam usufruir desses bens na eternidade.

O ritual de embalsamento e as cerimônias fúnebres podiam durar meses. Depois de embalsamado, o cadáver ainda era enrolado por várias camadas de tiras de linho, o que lhe dava a aparência de múmia como conhecemos. Entre as tiras de tecido, espalhavam-se amuletos de ouro dedicados aos deuses. Em seguida, o corpo seguia para a urna funerária – às vezes, mais de uma sobreposta à outra. Havia urnas de ouro maciço e tampo ricamente decorado com a imagem do deus Osíris. Só depois o cadáver era depositado no sarcófago de pedra, em uma das inúmeras câmaras da pirâmide ou da tumba, e cercado de seus bens.

Com o tempo, além dos faraós, outros egípcios nobres passaram a construir seus próprios mausoléus. Familiares, esposas, filhos, escribas e artistas também queriam seu lugar no céu e eram enterrados ao lado dos faraós. Não conseguiam se igualar à magnitude dos túmulos dos soberanos nem tinham recursos para isso, mas conseguiam, pelo menos, ficar perto deles. É por isso que muitas múmias desconhecidas foram encontradas ao redor das pirâmides e das tumbas, devidamente acompanhadas por objetos de ouro e pedras preciosas.

A era faraônica trouxe grande avanço econômico e cultural ao Egito, embora quase toda a produção artística fosse dedicada a homenagear ou contar a história dos deuses e dos faraós. Os egípcios desenvolveram a escrita e criaram os hieróglifos, símbolos utilizados em registros religiosos, inscrições nas paredes de pirâmides e túmulos e nos papiros. Também contribuíram para o desenvolvimento da engenharia, da matemática e das técnicas de agricultura e pecuária. Eram exímios artesãos em couro, cobre e ouro. Fabricavam linho, costuravam vestimentas e esculpiam objetos de uso doméstico e adornos.

A religião dominava a vida no Egito, mas os faraós não se descuidavam do Exército. As armas lhes garantiam a permanência no poder,

Ramsés II, considerado um grande guerreiro, raspava das inscrições os nomes dos faraós que o precederam e atribuía a si mesmo as conquistas feitas pelos outros – um marqueteiro de mais de três mil anos!

afastando invasores de tribos rivais e conquistando novos territórios. As guerras eram rotineiras. Mesmo protegido pelo rio Nilo de um lado e pelo deserto do Saara, do outro, o Egito era alvo de cobiça dos vizinhos pela riqueza e fertilidade do solo. O Exército egípcio tinha soldados, cavalos e armas (arcos, lanças), além de barcos a remo e a vela.

Mesmo assim, invasões ocorreram, trazendo períodos de instabilidade política ao país e enfraquecendo a influência dos faraós. A unidade egípcia esteve perto do rompimento várias vezes. O último grande faraó foi Ramsés II (1290-1224). Ele controlou o povo com mão de ferro, centralizou o governo e conseguiu unificar o Egito. Reinou durante 70 anos. A partir dele, no entanto, a era faraônica entrou em declínio lento, mas constante.

O enfraquecimento do poder dos faraós causou profundas transformações políticas e econômicas ao Egito, aumentando a instabilidade interna. Os sacerdotes chegaram a formar uma parcela do poder dentro do poder. Sem força política, os reis-deuses perdiam também o respeito dos súditos. A população reclamava por ter de pagar tributos (em forma de ouro, mercadorias e trabalho gratuito) ao governo enquanto passava fome – houve quedas grandes na produção agrícola do país. O Exército se desestruturou, porque dependia de soldados escravizados de outras nações que não tinham compromisso nem com o Egito nem com os faraós.

Nesse quadro, as invasões externas tornaram-se frequentes, intensas e duradouras. Os faraós já não tinham representatividade, força política e armas suficientes para reagir. Um dos povos invasores a ficar mais tempo no Egito foi o persa. Eles invadiram o Egito em 525 e ficaram quase 200 anos no poder. Os persas só saíram quando o general macedônio – Alexandre, o Grande –, também invadiu o Egito.

Alexandre foi recebido com festa. A população estava aliviada por se livrar da opressiva dominação persa. Alexandre foi tratado como liberta-

O templo que Ramsés II mandou construir em sua própria homenagem, em Abu Simbel, é um dos mais impressionantes e bem conservados do Egito, atraindo visitantes do mundo todo muitos séculos depois.

dor e transformado em faraó. Esse sentimento de veneração a Alexandre explica a boa vontade com que os egípcios receberam Ptolomeu, o escolhido do conquistador, seu amigo e parceiro de armas militares para administrar a nova província. Os egípcios não sabiam, mas Ptolomeu criaria uma nova dinastia, que, como os persas, permaneceria quase 300 anos no poder.

A DINASTIA PTOLOMAICA

Os lágidas, como preferem alguns historiadores, porque Ptolomeu era conhecido como o filho de Lagos, representaram uma fase particular na história egípcia. Tratava-se de um governo estrangeiro. Os ptolomeus eram macedônios, como Alexandre, e não egípcios. Mesmo tendo governado o Egito por três séculos, sempre foram considerados estrangeiros por seu povo. Na época, o conceito de nacionalidade estava associado às origens culturais e não ao local de nascimento, como hoje em dia.

Nos primeiros anos, Ptolomeu foi apenas um preposto de Alexandre no Egito. Em 323, entretanto, aos 33 anos, Alexandre morreu de uma febre misteriosa. O Império Macedônio se desintegrou, permitindo a formação de pequenos reinos. O Egito era um deles. Ptolomeu viu sua chance de garantir a posse daquele território de forma definitiva. Nos 20 anos seguintes, lutou contra regentes de outros reinos da região para evitar invasões, aumentar o território egípcio e consolidar-se no poder. Por volta do ano 300, certo de que havia se consolidado como força política no Egito, declarou-se rei e passou a se chamar Ptolomeu I, inaugurando a dinastia ptolomaica.

Os primeiros regentes da nova dinastia nasceram e cresceram sob influência da cultura grega, como o próprio Alexandre, e ajudaram a difundi-la entre os egípcios e outros povos da região. Eles representavam o que veio a se chamar cultura helenística – confluência de valores ocidentais gregos clássicos com valores orientais. Foi essa cultura que

O conquistador

Alexandre, o Grande, personifica os grandes conquistadores da Antiguidade. Inteligente e culto – foi pupilo do filósofo grego Aristóteles –, mas violento e impiedoso, ele construiu um império territorial da Grécia ao Oriente. Invadiu nações poderosas e lutou na linha de frente dos campos de batalha contra adversários aparentemente mais fortes. Alexandre fez da Macedônia um pequeno reino a que ninguém dava muita bola na época, uma potência militar da Antiguidade.

Enquanto as cidades gregas brigavam entre si nas guerras do Peloponeso, a Macedônia aproveitou para cavar seu espaço no mundo político. O então rei macedônio, Felipe II, montou um exército bem treinado para aumentar seu poder político na região. Seus movimentos militares foram tão eficientes que, em 338, ele conquistou a própria Grécia, onde havia aprendido todas as estratégias de combate.

Alexandre começou a lutar aos 16 anos e aos 20 assumiu o lugar de rei – Felipe II foi assassinado durante a festa de casamento de sua filha. O novo comandante consolidou o Império Macedônio. Era ambicioso e insaciável. À frente de um exército de soldados gregos e macedônios, avançou sobre a Ásia Central e sobre o Oriente, fazendo prisioneiros e escravos por onde passava. No caminho, anexou o Egito.

Além da capacidade militar, sua vida sexual chamava a atenção. Alguns relatos de autores clássicos dizem que ele gostava de se relacionar igualmente com mulheres e homens. Em 323, morreu de febre aos 33 anos de idade.

levaram para o Egito. Por isso, todo o reinado dos ptolomeus corresponde ao período do Egito helenístico. Durante a dinastia lágida, a língua oficial do Egito era o grego. Os documentos oficiais eram escritos em grego. Os negócios eram realizados em grego. Apesar disso, a língua nativa egípcia continuava a ser falada nas ruas e entre a população local. Havia estruturas burocráticas em ambas as línguas.

Parte dos historiadores acredita que os ptolomeus tenham sido invasores, tendo tratado os egípcios como cidadãos de segunda categoria em seu próprio país. Esse grupo entende que a história do Egito independente termina com a invasão de Alexandre. Outra corrente de egiptólogos mais recente entende que os lágidas contribuíram para a formação cultural do Egito e para sua existência política. O Egito independente teria terminado apenas com a morte de Cleópatra.

Quando os ptolomeus assumiram o trono, milhares de gregos chegaram ao Egito para tentar a sorte no país, assim como representantes de outros povos mediterrâneos. Já era um movimento comum na época, mas os ptolomeus incentivaram fortemente essa imigração. Com o tempo, até pelo domínio da língua oficial, os gregos passaram a ocupar as melhores posições na corte e nos setores administrativos do país. Eles se tornaram, digamos assim, a nova elite egípcia. A sociedade estava mais diversa culturalmente do que a dos faraós, mas o povo original tinha perdido espaço nas esferas política e econômica.

Do ponto de vista político, os ptolomeus estavam mais preocupados em olhar para além do Egito. Durante muitos anos, o Egito permanecera isolado e protegido de influências estrangeiras. Os ptolomeus trouxeram novos ares. O centro do poder já não era mais a cidade de Tebas, às margens do Nilo, no interior do país, mas Alexandria, às margens do mar Mediterrâneo. A mudança não poderia ser mais representativa das novidades introduzidas pelos novos regentes à vida no Egito.

Fundada pelo próprio Alexandre, Alexandria tornou-se centro cultural da Antiguidade. Estavam lá a Grande Biblioteca, com 700 mil rolos de pergaminhos em papiro, e o farol de Alexandria (veja box), uma das

sete maravilhas do mundo antigo. A cidade era símbolo e resumo da cultura helenística. Na época do reinado de Cleópatra, chegou a ter 500 mil habitantes, que se constituíam, basicamente, de egípcios, gregos e judeus.

Planejada pelo arquiteto grego Deinocrates de Rodes para ter o formato de um retângulo, Alexandria destacava-se pelo complexo de palácios e prédios reais, quase uma cidade dentro da cidade. Os aposentos reais chegavam a tomar conta de quase ¾ de todo o perímetro urbano. Os faraós construíram tumbas e pirâmides para serem usadas depois da morte, mas os regentes ptolomaicos mandaram erguer palácios para desfrutarem enquanto vivos. Ao assumir o poder, cada Ptolomeu mandou construir mais um prédio.

Justiça seja feita: os ptolomeus também mandaram erguer prédios públicos em Alexandria, como as cortes de Justiça, o teatro, o ginásio de esportes e o museu. Esse museu funcionava como centro dedicado às artes e à cultura. Inspirado numa escola grega criada por Aristóteles, o museu reunia estudiosos de várias partes do mundo e diversas especialidades técnicas. Eles tinham estrutura e liberdade necessárias para estudar e desenvolver pesquisas. Havia dormitórios, cantinas e salas à sua disposição deles. Além de tudo, o lugar dispunha de muito espaço livre e jardins. Suspeita-se que Cleópatra tenha estudado ali.

Alexandria era também um porto, um mercado onde se comercializavam muitos produtos – trigo, papiro, linho, pedras preciosas, vidro, perfumes e especiarias. Artigos da Ásia e da Índia podiam ser encontrados por ali, dando um caráter internacional à cidade. Da diversidade comercial de Alexandria surgiram os pequenos negócios e os primeiros profissionais liberais. Instaladas fora dos limites da cidade real, havia fábricas de vidros, tecelagens, ateliês de artesãos e carpintarias.

Essa Alexandria, a cidade onde Cleópatra nasceu e reinou, não existe mais.

Acredita-se que terremotos e inundações tenham levado a cidade para o fundo do mar Mediterrâneo. Ao longo dos anos, como resultado de intensas e constantes pesquisas arqueológicas submarinas, fragmentos e

Maravilhosa luz artificial

Um dos melhores exemplos da magnitude e esplendor de Alexandria na Antiguidade é o seu farol, construído na ilha de Pharos a mando de Ptolomeu II. Idealizada pelo arquiteto e engenheiro grego Sóstrato de Cnido, a obra tinha 150 metros de altura e foi considerada o único arranha-céu do mundo durante muitos anos. Um terremoto no século XIV teria destruído o que sobrara do farol original.

Até hoje, os pesquisadores divergem sobre o funcionamento do sistema de iluminação utilizado pelos construtores, avançado para a época. Provavelmente, a luz vinha de uma tocha alimentada por madeira e era refletida por um complexo sistema de espelhos a até 50 quilômetros de distância, orientando a navegação.

O farol tinha vários pavimentos assentados sobre uma base quadrada, tudo construído em granito e revestido por mármore e calcário. No topo, ficava uma estátua de Zeus, o deus grego guardião dos mares. A parte de baixo era usada para os serviços administrativos, já que cerca de cem pessoas trabalhavam no farol para mantê-lo aceso constantemente.

peças inteiras da antiga Alexandria foram retirados do mar. Mergulhadores encontraram nada menos que 1.300 pontos supostamente integrantes da antiga cidade. A partir deles, foi possível desenhar mapas com a topografia das áreas de maior importância histórica de Alexandria e reconstituir a cidade em maquetes.

Apesar da modernidade da capital helenística, o Egito era um país rural e agrícola. A maioria da população egípcia vivia em vilas e trabalhava nas terras dos reis e dos nobres. As vilas estavam sob administração de um monarca regional, indicado pelo rei, a quem cabia representar o governo, cobrar impostos e decidir disputas locais, como um juiz de pequenas causas. Havia ainda os sacerdotes, uma espécie de casta responsável pela manutenção e funcionamento dos templos e monumentos religiosos.

O politeísmo dominava o Egito. Os ptolomeus, como Alexandre antes deles e os faraós, se esmeraram em deixar claro que respeitavam as crenças, os deuses e os ritos religiosos locais. Mandaram reformar templos e construir novos, participavam de festivais e atividades religiosas, aceitavam a adoração e o sacrifício de animais. Com esse tipo de atitude, esperavam conquistar apoio e veneração popular.

Uma das grandes contribuições dos ptolomeus à religiosidade egípcia foi a construção do templo de Dendera, dedicado à deusa Hathor, mulher de Hórus (filho de Osíris e Ísis), e voltado para tratamentos curativos. Cleópatra visitou-o algumas vezes com o filho mais velho, Cesário. Trata-se de um complexo de edifícios numa área de 40 mil m² que passou por várias reformas e ampliações, inclusive durante o período romano. As origens do templo podem ser até mais antigas, da era faraônica.

A religião egípcia, de qualquer forma, requeria a existência de um rei porque ele era o canal com deus e a representação viva do próprio deus. Sem um rei, mesmo estrangeiro, os fiéis sentiam-se desamparados. Os ptolomeus nunca foram tão amados quanto os antigos faraós, mas certamente alcançaram o respeito do povo. Eram mais conhecidos e populares em Alexandria, onde se concentrava a comunidade de origem grega.

No politeísmo que dominava o Egito, o deus Hórus era um dos mais importantes. O "olho de Hórus" adornava muitas joias usadas pela realeza, significando proteção e poder. [bracelete encontrado em uma tumba real; peitoral de Tutankamon (18ª dinastia)]

Nem assim, o reinado dos ptolomeus foi pacífico o tempo todo. Houve vários episódios de rebelião popular que custaram a vida de mais de um monarca. Foi o povo quem botou para correr, por exemplo, Ptolomeu XI, o avô de Cleópatra. Ele havia mandado matar a mulher, a Berenice de número III, que era uma figura muito popular na época. O episódio abriu caminho para a ascensão de Ptolomeu XII ao poder.

Os dois primeiros monarcas da dinastia fincaram os pilares do Egito de Cleópatra. Ptolomeu I garantiu os limites geográficos do país. Anexou Cirenaica (região da Líbia), a ilha de Chipre (então sob domínio grego) e Lykia, na costa da Turquia, ao Egito, criando um império próprio. Seu território só se equiparava em poder, extensão e prestígio ao selêucida, na Síria. Entretanto, o império de Ptolomeu I sofreu reveses nas décadas seguintes, resultado de constantes disputas militares. A ilha de Chipre, por exemplo, foi perdida e recuperada várias vezes.

O próximo rei na linha de sucessão foi Ptolomeu II. Ele assumiu o poder aos 20 anos, com a morte do pai, em 282. Não foi uma sucessão tranquila, já que seus irmãos também disputavam o direito ao trono. Um deles acabou assassinado. Outro se contentou com o governo de uma província externa, tornando-se um aliado. O reinado de Ptolomeu II pôde, assim, consolidar as bases da dinastia helenística e culturalmente centrada em Alexandria, iniciada por seu antecessor.

Ptolomeu II distinguiu-se também por inaugurar a era de incestos na corte. Sua união com a irmã Arsinoe II foi um escândalo, pois incesto não era admissível nem na Grécia nem em Roma. Era coisa do "místico" Egito. A partir de Ptolomeu II, entretanto, casamentos entre parentes tornaram-se rotina na corte. É possível especular que os novos regentes egípcios seguissem a tradição dos faraós por razões políticas. Repetindo o comportamento dos antecessores, buscavam apoio e respeito populares. A naturalidade com que os incestos eram tratados mostra que assimilaram sem culpa a nova realidade. Por isso, acredita-se que, quase 300 anos depois, Cleópatra também tenha se casado, em momentos diferentes, com dois de seus irmãos, quando eles ainda eram crianças.

Enquanto os ptolomeus se sucediam no trono, o pêndulo do poder internacional mudava de lugar. Uma nova configuração política no Mediterrâneo afetaria o futuro do Egito e de seus governantes. Roma despontava como superpotência depois do esfacelamento do Império Macedônio de Alexandre. Os romanos foram à luta, organizaram exércitos e expandiram seu território em direção ao Oriente. Roma se fortaleceu de tal forma que tomou a Grécia e, em 146, conquistou a própria Macedônia que fora de Alexandre.

Os ptolomeus, que haviam herdado o Egito de Alexandre e constituído o próprio império com as sobras do Império Macedônio, bem que tentaram resistir aos romanos, mas não conseguiram se manter isolados por muito tempo. Ameaçados por invasões militares de rivais na região e sem condições de se defenderem sozinhos, tomaram a decisão mais óbvia naquele momento — aliaram-se aos romanos.

Os dois lados estabeleceram um entendimento político tênue, mas eficiente. Roma não invadiria o Egito e o anexaria, como fazia com outras províncias da região, e, em troca, o Egito se comportaria como uma boa província subalterna, mandando suprimentos, armas e tropas para ajudar nas campanhas militares dos romanos. Era uma espécie de dependência controlada.

O arranjo era conveniente para os ptolomeus. Eles praticavam uma diplomacia realista. Entendiam que a sobrevivência da dinastia dependia da independência do próprio Egito e que a sua independência dependia da vontade de Roma. Por isso, tratavam de ter um bom relacionamento com os governantes romanos, mesmo subserviente. Simples assim.

Com o tempo e a consolidação do poder de Roma, já não bastava aos ptolomeus aliarem-se aos romanos de forma genérica. Precisavam decidir qual corrente política romana iriam apoiar. A disputa pelo poder fervilhava. Na República Romana vigorava um sistema de governo descentralizado em que o poder era dividido entre os senadores e os cônsules, representantes da população. E eles brigavam entre si para ver quem mandava de fato.

Em 59, os comandantes romanos Júlio César, Pompeu e Crasso criaram o Primeiro Triunvirato, um entendimento político informal para

A República Romana

Desiludidos e inconformados com a monarquia, os romanos criaram, em 509, uma forma de organização política descentralizada em que as decisões de governo eram distribuídas entre várias instituições e instâncias. Chamado de República, esse tipo de organização serviu de base para o desenvolvimento dos sistemas republicanos contemporâneos.

Na República Romana, o centro das decisões era o Senado. Havia também o Conselho da Plebe, criado para abrir espaço à participação dos mais pobres, e os cônsules, representantes do povo eleitos anualmente para funções executivas. Marco Antônio e Otávio foram cônsules. O Senado tinha 300 membros, embora tenha chegado a ter até mil em alguns momentos, a quem cabia votar leis sobre política externa e cobrança de impostos, por exemplo.

Assim, Marco Antônio e Otávio, que disputavam entre si o governo depois da morte de Júlio César, dependiam do Senado para suas ações. Quando divergiam entre si, tinham de buscar apoio entre os senadores. O Senado era palco de longas e acaloradas discussões sobre a condução dos destinos de Roma.

Esse sistema de poder foi lentamente corroído por disputas e divisões internas entre os representantes dos vários grupos de influência e poder. A Batalha do Ácio, na qual Marco Antônio e Otávio enfrentaram-se no mar, foi o sinal claro de que a República estava com os dias contados. Afinal, eram dois romanos guerreando entre si.

Com Marco Antônio derrotado, Otávio tornou-se o único líder com prestígio suficiente para impor-se a Roma e ao Senado. Em 27, a República morreu e deu lugar ao Império Romano, tendo Otávio como seu primeiro governante. Era um sistema de governo mais centralizado, mas o Senado foi mantido.

acabar com as desavenças. Os três centralizaram o poder nas próprias mãos e administraram o país juntamente com os senadores. O Primeiro Triunvirato durou até 53, quando Crasso foi assassinado durante uma batalha contra os persas. Os remanescentes, Júlio César e Pompeu, tornaram-se inimigos mortais, medindo forças para ver quem era o verdadeiro mandatário. Os senadores e as províncias romanas aliadas dividiram-se. Parte deles apoiava Júlio César. A outra parte, Pompeu.

O pai de Cleópatra, Ptolomeu XII, chegou ao trono nesse contexto de conflito em Roma. Internamente, as coisas iam de mal a pior. A dinastia ptolomaica vivia um momento decadente e instável, constantemente ameaçada de perder o trono caso Roma decidisse invadir e anexar o Egito. Ptolomeu XII, como vimos no capítulo anterior, também não era um rei de grande prestígio, pois era considerado ilegítimo na família e tinha sido coroado rei na falta de um herdeiro mais "apropriado". Por volta de 60, o quadro político no Egito se deteriorou.

Ptolomeu XII estava tão atolado em dívidas que seus antigos aliados políticos de províncias vizinhas desafiavam seu reinado, tentando invadir o Egito. No plano interno, a situação era igualmente instável. Seus parentes ameaçavam matá-lo para tomar o poder. A população também estava revoltada com a política de aproximação com Roma, pois temia a anexação. Sem apoio político, Ptolomeu fugiu para a Roma em 58 para pedir ajuda a Pompeu, amigo e aliado.

Nem bem o rei deixou o Egito, a filha mais velha, Berenice IV, irmã de Cleópatra, assumiu o trono. Um mensageiro foi enviado a Roma para explicar a nova configuração política egípcia. Ptolomeu XII tinha sido simplesmente deposto pela família. Essa situação durou três anos. Não se sabe como Berenice governou o Egito nesse tempo nem o que foi feito de sua mãe, Cleópatra V. O rei deposto esteve em Roma tentando montar um exército para retomar o poder.

Ptolomeu XII só reassumiu o trono em 55, apoiado por uma força militar romana e síria. Sua mulher, Cleópatra V, já estava morta, mas ele tratou de se livrar para sempre também da filha Berenice. Ptolomeu XII desfilou em triunfo pelas ruas da Alexandria, como era tradição na época, para celebrar seu retorno ao poder. Perseguiu e eliminou qualquer outra resistência ao seu reinado na época e conseguiu mais quatro anos no poder.

Ao final de seu governo, como mandava a tradição, Ptolomeu XII encaminhou a Roma os nomes de seus sucessores para aprovação — a filha Cleópatra VII e o irmão Ptolomeu XIII, então com 10 anos. Os dois governariam o Egito juntos. Pela diferença de idade entre os herdeiros, imagina-se que o rei quisesse dar o poder de fato à Cleópatra, mas teve de incluir um homem como parceiro. Afinal de contas, mulheres sozinhas não eram bem vistas como regentes naquele tempo. Roma concordou sem questionar. Cleópatra assumiu a posição de rainha do Egito. Era o ano 51.

A NOVA ÍSIS

Embora a Cleópatra deste livro seja a de número VII na história ptolomaica, poucas mulheres exerceram o poder de fato no Egito Antigo — aliás, em nenhuma outra nação da Antiguidade. As seis Cleópatras anteriores são apenas registros pálidos na lista de regentes do período e, em geral, ocuparam o trono por pouco tempo quando os maridos (estes, sim, os reis) morreram. Logo em seguida, foram destronadas por monarcas mais "apropriados".

Antes dela, houve uma única mulher verdadeiramente poderosa em três mil anos, a rainha faraó Hatsheptut, que governou o Egito de 1479 a 1458, durante a 18ª dinastia. Hatsheptut foi casada com Tutmósis II e assumiu o poder com a morte do marido, pois o casal não tinha herdeiros homens. O sucessor natural do faraó era Tutmósis III, enteado de Hatsheptut, mas este era apenas uma criança. Coube a Hatsheptut governar o Egito, mas se esperava que ela apenas "esquentasse" o trono enquanto Tutmósis III crescia. A rainha tomou tanto gosto pela coisa que, quando Tutmósis III se tornou adulto, assumiu posição secundária na corte. Hatsheptut governou o Egito por 21 anos.

A faraó foi uma soberana de grandes realizações, construindo templos, monumentos e obeliscos por todo o Egito. Sua tumba foi descoberta

Nefertiti conduziu com seu marido a chamada Revolução Atoniana, que visava substituir o culto a muitos deuses por um só, Aton. Há quem diga que essa foi a inspiração das grandes religiões monoteístas ocidentais surgidas mais tarde.

em 1903 pelo arqueólogo Howard Carter (o descobridor da tumba de Tutankamon), mas o sarcófago estava vazio. Alguns anos se passaram até a múmia de Hatsheptut ser encontrada, abandonada numa tumba próxima. O corpo da faraó foi identificado pelo DNA extraído de um dente e está exposto no Museu de Antiguidades do Cairo.

Outra rainha importante do período faraônico foi Nefertiti (1380-1345), também integrante da 18ª dinastia. Era conhecida pela extrema beleza e assumiu o poder com a morte do marido, o faraó Akenaton, o filho do sol. Akenaton se destacou pela iniciativa monoteísta numa nação acostumada ao culto a vários deuses. Mandou construir vários templos dedicados ao deus Aton, o deus solar, a quem esperava ver consagrado como divindade única. Com as mortes do faraó e de Nefertiti, o Egito voltou ao leito original do politeísmo.

No período helenístico, a mulher de maior destaque foi Arsinoe II, irmã e mulher de Ptolomeu II. Bonita, inteligente e oito anos mais velha que o marido, Arsinoe II mandava nele e é apontada por historiadores contemporâneos como a regente na prática. Ela foi a primeira divindade da dinastia ptolomaica e sua fama atravessou vários reinados.

Depois da morte de Arsinoe, o rei Ptolomeu II investiu grandes somas de dinheiro para transformá-la em divindade. Financiou a construção de templos e a realização de festivais em homenagem à mulher. Também comprou o apoio de sacerdotes locais para incentivar o culto à imagem da rainha. O rei chegou a criar um imposto especial destinado a financiar as atividades religiosas dedicadas a ela.

O trabalho de *marketing* religioso foi tão eficiente que a rainha Arsinoe passou a ser reverenciada em várias partes do Egito, e até fora dele, em estátuas, monumentos, templos e altares. Há referências a ela até na Itália e na Grécia. Arsinoe II ajudou a popularizar a dinastia ptolomaica e se transformou na primeira deusa da família. Até Cleópatra, 250 anos depois, prestou homenagens à parenta-deusa.

Bem se vê que poucas mulheres chegaram de fato ao poder. O desafio colocado para Cleópatra de governar o Egito (mulher, jovem e sozinha),

Cleópatra procurou fazer com que as pessoas a identificassem com a deusa Ísis para conseguir ser mais respeitada. A divindade era muito popular, já que, segundo a crença, protegia os humanos e favorecia a fertilidade, o casamento e a natureza. [Ísis em cópia de pintura mural de cerca de 1360 a.e.c.]

portanto, era enorme. Apesar de ter sido indicada corregente com o irmão Ptolomeu XIII, ela parecia estar no comando do governo. O nome do irmão aparecia (quando aparecia) abaixo do seu nos documentos oficiais, sinal de que ela ocupava posição superior à dele na hierarquia real.

Para se sustentar no cargo naquele momento e no restante de seu reinado, Cleópatra procurou associar-se à imagem de Ísis, a divindade feminina mais conhecida, respeitada e amada do panteão egípcio (veja box), como fizeram suas antepassadas. Ísis simbolizava todos os atributos esperados das mulheres. Era esposa dedicada e mãe protetora – não apenas do marido, mas de todo o reino e dos seus súditos.

A rainha Cleópatra costumava aparecer em solenidades públicas vestida com trajes semelhantes ao de Ísis e participar ativamente de atividades religiosas em homenagem à deusa. A regente explorou como pôde essa associação com a deusa, principalmente ao se tornar mãe. Há vários desenhos e pinturas em pedra do período ptolomaico mostrando Cleópa-

A mãe de todos os necessitados

No panteão dos deuses egípcios, Ísis ocupava lugar de destaque. Ela era irmã e mulher do poderoso Osíris, o zelador da vida após a morte, e mãe de Hórus. Tinha a aparência de uma mulher com corpo de trono real. Na cabeça, trazia um disco solar e chifres de vaca, um animal sagrado e venerado. Na mitologia egípcia, os deuses tinham atributos e qualidades especiais só encontradas em alguns animais. Por isso, os deuses eram identificados com os próprios animais – e os animais, venerados como os deuses.

A primeira notícia de Ísis data da 5ª dinastia da era faraônica, mas sua influência atravessou toda a Antiguidade. Ísis representava vários papéis ao mesmo tempo. Com seu corpo transformado em trono, personificava o poder. Ela era o próprio poder. Era também a esposa dedicada de Osíris, a quem trouxe de volta da morte com poderes mágicos. Representava assim a fidelidade e, ao dar à luz o deus Hórus, a maternidade e a fertilidade.

Muitos desenhos em paredes de templos, monumentos e estátuas do período mostram a imagem de Ísis com Hórus no

colo, novamente um símbolo de seu poder real. O colo de Ísis foi o primeiro trono de Hórus. Cleópatra, séculos depois, também era representada em desenhos e pinturas com o filho mais velho, Cesário, no colo. Ela queria ser a Nova Ísis.

Imagem do *Livro dos Mortos*, em que Ísis aparece atrás de Osíris e ao lado de Néftis, sua irmã. [*Livro dos Mortos de Ani* (ca. 1300 a.e.c.)]

tra com o filho mais velho, Cesário, no colo. Chegou a declarar-se a Nova Ísis, garantindo para si poderes divinos e direitos hereditários para os filhos.

No plano político, Cleópatra havia feito sua opção. Ela tentava garantir o apoio de Roma como forma de evitar uma invasão e manter-se no trono. Os comandantes militares e ex-triúnviros, Júlio César e Pompeu, estavam em pé de guerra. O Egito, a mando dela, contribuía para a manutenção dos exércitos fiéis a Pompeu, fornecendo homens, armas e provisões, principalmente trigo. Ela retribuía a Pompeu o apoio militar dado a seu pai para retornar ao poder em 55.

A política externa de Cleópatra, entretanto, tornou-a impopular. O povo não gostava nada do que via – sua jovem rainha não só havia continuado a política do pai, de aproximação com Roma, como parecia disposta a aprofundá-la. Os egípcios temiam que a subserviência do Egito aos interesses romanos o levasse à anexação formal a Roma, como vinha acontecendo com províncias de mesmo tamanho nas redondezas.

Esse quadro de insatisfação popular pode explicar os acontecimentos seguintes. Cleópatra perdeu completamente o poder. Documentos como aqueles, que antes a indicavam regente principal, agora nem registravam seu nome. O poder real e concreto foi transferido para Ptolomeu XIII. É provável que o regente, ainda criança, contasse com a ajuda de assessores e tutores mais velhos, gente que havia angariado poder no governo anterior e se ressentia da supremacia de Cleópatra sobre o irmão.

Seja lá o que tenha sido feito nos bastidores do poder, deu certo. Cleópatra foi varrida da corte egípcia, como outras Cleópatras, Berenices e Arsinoes antes dela. Deposta, a rainha sem trono teve de fugir para não morrer – acredita-se que tenha se exilado na Síria com a ajuda de parentes e aliados. De lá, ela tentaria organizar um exército leal para retomar o trono. Ptolomeu XIII era agora o rei do Egito.

OS ROMANCES

A UNIÃO COM JÚLIO CÉSAR

Cleópatra amou Júlio César e Marco Antônio ou tudo não passou de manobra de sedução com interesses políticos? A pergunta de dois mil anos de vida não tem resposta pronta. A vida amorosa da rainha do Egito é a parte mais explorada de sua biografia nos cinemas, na televisão e na literatura, mas — talvez por isso mesmo — a mais desconhecida.

Como já vimos antes, há poucos relatos históricos sobre o reinado de Cleópatra (basicamente, há Plutarco e Cássio Dio) e eles são omissos sobre os sentimentos dela. Tudo o que se sabe sobre a última rainha do Egito é contado por terceiros, em geral, romanos. Cleópatra nunca se revela na primeira pessoa. Os escritos clássicos silenciam sobre o que se passava no coração e na mente da rainha.

Há historiadores e egiptólogos que acreditam nos sentimentos de amor e paixão de Cleópatra pelos dois homens mais importantes da Roma antiga. Em William Shakespeare, Cleópatra vive um amor tórrido e desesperado com Marco Antônio. No filme de 1963, a atriz Elizabeth Taylor também interpretou uma Cleópatra apaixonada. Ambos os trabalhos basearam-se nos escritos de Plutarco e mostram a rainha muito mais envolvida com Marco Antônio do que com Júlio César. Parece ter havido uma diferença de intensidade de seus sentimentos pelos dois amantes.

Ao mesmo tempo, há um grande número de estudos mais recentes que só enxergam interesses políticos nos romances da rainha do Egito com os generais romanos. Não há nenhum demérito para a rainha nessa abordagem. Ao contrário. Vista sob esse prisma, Cleópatra pode ser considerada uma estrategista política de primeira grandeza. Se fosse homem, ninguém iria estranhar. Esse grupo não descarta a possibilidade de romance entre os amantes, mas prefere dar ênfase às conquistas de Cleópatra no campo político, uma forma de resgatar seu papel como governante.

E você, leitor? Na falta de uma certeza, cabe a você responder à milionária pergunta acima. Para isso, use os mesmos recursos dos pesquisadores e historiadores profissionais: interprete os fatos e tire conclusões. Coloque-se no lugar de Cleópatra e tente imaginar o que ela sentia em 48, quando se encontrou pela primeira vez com Júlio César, o comandante romano.

Ele era um homem maduro de pouco mais de 50 anos, experimentado em várias guerras. Casado. Poderoso. Cleópatra tinha apenas 20 anos e era uma rainha sem trono. No capítulo anterior, nós a deixamos na posição desconfortável de exilada na Síria. Ptolomeu XIII, seu corregente, era o rei do Egito na prática.

E o que se passava em Roma naquele momento? Júlio César vencera Pompeu numa batalha, na Grécia, em 48. Os dois formavam os remanescentes do Primeiro Triunvirato. Com a vitória, Júlio César tornara-se,

O general

Caio Júlio César era um homem da elite intelectual romana, embora não fosse rico. Nasceu em 100, estudou filosofia na Grécia, gostava de escrever e tornou-se um orador brilhante. Culto, revelou-se um militar combativo e implacável. Apesar das origens sofisticadas, sentia-se em casa no campo de batalha, onde vivia com pouca comida e nenhum conforto.

Um dos feitos memoráveis de Júlio César é a conquista da Gália, um extenso território que compreende hoje França, Bélgica, Suíça e parte da Alemanha, durante uma guerra que durou seis anos, de 58 a 52. O saldo do conflito, segundo as contas de Plutarco, foi cruel. As legiões romanas, num total de 24 mil homens organizados, bem treinados e pagos, capturaram 300 tribos celtas, escravizaram 1 milhão de gauleses e deixaram 3 milhões de mortos.

Júlio César também acreditava que tinha poderes divinos. Considerava-se descendente direto de Vênus. Depois de suas vitórias militares, desfilava em triunfo pelas ruas de Roma, em carruagens puxadas por enormes cavalos brancos. Podia ser visto pela multidão vestindo uma túnica púrpura com um cedro na mão e uma guirlanda de flores na cabeça – artifício para esconder a calvície. Adorava entreter os romanos. Certa vez, promoveu um show de animais selvagens durante cinco dias.

Angariou tanto poder que, em 44, foi morto a facadas pelos próprios colegas do Senado, preocupados com os rumos da República. Ironicamente, a morte de Júlio César apressou e consolidou a formação do Império Romano.

nada mais, nada menos, que o homem mais poderoso de Roma. Júlio César era o líder romano e, Pompeu, um fugitivo. Aliás, Júlio César foi ao Egito, em 48, atrás dele. Pompeu esperava que os ptolomeus, antigos aliados, o abrigassem, o protegessem e o ajudassem a enfrentar Júlio César.

Doce ilusão. O quadro político internacional era diferente daquele em que os ptolomeus (Cleópatra incluída) apoiaram Pompeu. O pêndulo do poder havia mudado de lugar. Pompeu era um derrotado. Júlio César vencera e mandava em Roma. E agora? Agora, como mandam as regras pragmáticas da política, era hora de trocar de lado. Então, quando Pompeu chegou ao Egito em busca de abrigo, foi executado sem dó nem piedade pela guarda real do rei Ptolomeu XIII, irmão de Cleópatra e seu corregente. A cabeça de Pompeu foi entregue ao próprio Júlio César como presente de boas-vindas.

A manobra para agradar o novo mandatário romano deu errado. Júlio César ficou furioso ao saber do assassinato de Pompeu. Segundo o escritor Cássio Dio, o general Júlio César queria perdoar o antigo aliado para lustrar sua fama de comandante justo e correto. Vale a pena ler o relato completo de Cássio sobre a reação de Júlio César ao saber do assassinato do rival, pois ajuda a entender um pouco mais sobre a alma e a mente do homem com quem Cleópatra se envolveria:

> Ao ver a cabeça de Pompeu, César chorou e lamentou amargamente, chamando-o de amigo da pátria e cunhado [Pompeu era casado com a irmã de Júlio César] e enumerando toda a atenção que já haviam demonstrado um com o outro. Com relação aos assassinos de Pompeu, longe de admitir que mereciam ser recompensados, encheu-os de críticas e ordenou que a cabeça fosse adornada e preparada para ser enterrada. Júlio César foi elogiado por isso, mas sua hipocrisia era ridícula. Certamente, ele estava ansioso por dominação; ele odiava Pompeu como seu antagonista e rival. Apesar de todas as suas outras atitudes com relação a Pompeu, Júlio César havia ido para guerra com o único propósito de arruinar o rival e garantir a própria supremacia; havia corrido para o Egito com a única finalidade de derrotá-lo completamente se estivesse vivo; mas ainda assim lamentou sua perda demonstrando consternação com seu assassinato.

E Cleópatra? Ela reaparece nessa história como protagonista na famosa cena do tapete. Está imortalizada no filme de 1963: a rainha do Egito surge à frente do general romano enrolada num tapete, como um presente dos deuses. Longe de estar amarrotada e sofrida, Elizabeth Taylor aparece linda, sedutora e destemida. Há muitas dúvidas sobre a veracidade dessa versão, mas o grego Plutarco a menciona em seus escritos. Ele só faz um reparo à história: não se tratou de um tapete, mas de um saco de dormir amarrado nas pontas.

Na Síria, onde estava exilada, Cleópatra conseguira montar um exército com a ajuda de aliados políticos de províncias vizinhas. Ela estava determinada a reconquistar o poder egípcio e só Júlio César, como governante romano supremo, poderia lhe dar isso. Os barcos de seu exército estavam estacionados nas proximidades de Alexandria, mas ela hesitava em desembarcar no porto porque temia ser reconhecida pelos guardas de Ptolomeu XIII. Se isso acontecesse, seria morta na certa. Assim, precisava de um artifício para chegar a Júlio César sem ser vista pelos guardas e sem intermediários da corte do irmão.

Cleópatra chegou ao porto do palácio à noite, num barco pequeno e leve, acompanhada apenas de um mercador sírio chamado Apolodoro. Segundo Plutarco, ela se enrolou no saco de dormir e Apolodoro amarrou as pontas com cordas. Depois, ele carregou o "pacote" nas costas até os aposentos de Júlio César no palácio real, onde estava hospedado desde que chegara ao Egito. Imagina-se que os guardas reais tenham ignorado aquele mercador rude atravessando os corredores, um pobre coitado que parecia transportar algum "fardo" de presente ou encomenda para o comandante romano.

Surpresa quem teve foi Júlio César, ao ver aquela jovem surgir de dentro de um embrulho parecido com um tapete. Nas palavras de Plutarco, Júlio César foi "capturado à primeira vista e ficou encantado com a ousadia daquele artifício, que revelou uma mulher determinada e sedutora". Homens fortes como Júlio César admiravam a coragem e a audácia

dos combatentes, mesmo nos adversários. Imagine, então, que efeito teria tido sobre ele a audácia daquela jovem rainha ao se esgueirar até os seus aposentos por meio de um estratagema tão prosaico.

Muito se especula sobre os detalhes desse primeiro encontro entre o general e a egípcia insolente. Como Cleópatra estaria vestida? Estaria maquilada e perfumada, como era costume entre as mulheres egípcias? Na ausência desses detalhes, Plutarco não deixou muito espaço para imaginação. Segundo ele, Júlio César dormiu com Cleópatra naquela mesma noite e "sucumbiu ao seu charme". O escritor grego não a considerava particularmente bonita, mas reconhecia nela outros atrativos, como a voz melodiosa e a inteligência cativante e estimulante.

Alguns historiadores atrevem-se até a dizer que Cleópatra entregou a virgindade ao romano naquele encontro, pois não se tem informação sobre amantes anteriores a ele em sua vida. Ao mesmo tempo, muito se fala sobre a experiência sexual de Júlio César e de sua fama de conquistador. Há vários relatos sobre aventuras amorosas do general e das joias caras com as quais presenteava as amantes. Júlio César não teria nenhum escrúpulo em se deitar com Cleópatra. E ela, todos os motivos.

A partir dessa noite, por razões do coração ou de Estado, o comandante insistiu em restaurar a antiga ordem real, dividindo o trono egípcio entre Cleópatra e Ptolomeu XIII. Cleópatra estava de volta à cena política e ao palácio real. Não exatamente no papel de protagonista, como sonhara – porque Ptolomeu XIII continuava na jogada –, mas era muita coisa.

Embora pareça influenciado pelo romance com Cleópatra, a posição de Júlio César sobre a sucessão do trono egípcio seguiu a razão.

O romano restaurou os critérios de sucessão definidos pelo antigo rei do Egito, o pai de Cleópatra. Além disso, mesmo que quisesse privi-

Na obra *Cleópatra diante de Júlio César* (1866), o pintor Jean-Léon Gérôme reinterpreta a famosa cena do tapete em que Cleópatra aparece – ousada, sedutora, irresistível – como se fosse um presente para o general romano.

legiar a amante, é pouco provável que deixasse o Egito nas mãos de uma mulher sozinha. Não fazia parte da realidade política da Antiguidade a presença de mulheres no comando político e militar – e Júlio César não era um revolucionário dos costumes morais da época.

Ptolomeu XIII e seus aliados rebelaram-se contra o acordo, mas Júlio César conseguiu acalmá-los. Garantiu publicamente que Ptolomeu XIII e Cleópatra dividiriam o reinado, sem a prevalência de um sobre o outro.

O comandante também devolveu ao Egito a posse da ilha de Chipre, anteriormente anexada pelos romanos. Ficou estabelecido ainda que os dois irmãos menores de Cleópatra, Ptolomeu XIV e Aisonoe, administrariam a nova concessão. Dessa forma, Júlio César parecia ter aplacado as disputas entre todos os herdeiros dos ptolomeus, evitando uma guerra civil e mantendo a província sob controle romano.

Durante algum tempo, o acordo entre os ptolomeus e Roma valeu. Se estava insatisfeita com os seus termos, Cleópatra não demonstrou. Ao contrário. Ela comemorou o resultado do entendimento com um suntuoso banquete no Palácio Real. Foi uma celebração digna das fantasias sobre os rompantes de luxúria da rainha. O próprio palácio era um monumento, quase um templo divino: teto com vidros decorados em ouro e paredes de mármore, portas com enfeites indianos incrustados por esmeraldas e mantas bordadas com gemas preciosas sobre os sofás. E os garçons e garçonetes? Exóticos. Alguns tinham cabelos negros; outros, cabelos tão claros e brilhantes que até Júlio César confessou nunca ter visto alguém assim.

O centro da festa era Cleópatra. Ela trazia joias nos cabelos e no pescoço; o colo branco reluzia sob o tecido costurado pelos artesãos do Nilo. Anfitriã sedutora e empenhada em agradar, serviu aos convidados vasta quantidade de iguarias em pratos com detalhes em ouro. O vinho chegou

em taças incrustadas com pedras preciosas, cheias até a borda, deixando os convivas inebriados por um perfume de prazer, luxo e contentamento.

A paz parecia ter voltado ao Egito. Júlio César também parecia despreocupado, pois deixara o comando de Roma nas mãos de seu homem de confiança, Marco Antônio.

Eram aparências. Apesar das festas e passeios românticos com Cleópatra, Júlio César enfrentou no Egito um dos maiores desafios militares de sua vida. Instalado em Alexandria, ele foi atacado por forças rebeldes ainda leais a Pompeu e apoiadas pela corte de Ptolomeu XIII, num conflito que passou à história como a Guerra Alexandrina. O grupo de Ptolomeu XIII queria garantir o governo egípcio só para si, sem Cleópatra. A batalha foi difícil e sangrenta. Durou quase seis meses, entre 48 e 47.

Júlio César só resistiu com ajuda – em forma de homens, barcos e armas –, enviada por outras províncias da região, como Síria, Rodes, Creta e Ásia Menor (hoje, parte da Turquia). Como não estava preparado para o conflito, Júlio César contava com uma tropa em número bem menor do que os adversários. Eles os atacaram por mar e terra ao mesmo tempo.

Uma das providências do general romano nessa batalha foi tomar a ilha de Pharos, onde ficava o farol de Alexandria, para evitar ataque mais intenso às suas tropas. O farol iluminava as águas do mar, facilitando a aproximação dos barcos inimigos. Em um dos confrontos, os soldados romanos atearam fogo aos navios adversários que haviam conseguido ancorar no porto de Alexandria. O fogo se alastrou e queimou vários prédios históricos da cidade. Acredita-se, inclusive, que parte da biblioteca de Alexandria, a mais importante da Antiguidade, tenha sido destruída nesse incêndio.

Não há notícias da participação de Cleópatra nessa guerra. Aparentemente, ela passou esse tempo abrigada no Palácio Real, onde Júlio César

estava entrincheirado, assim como os demais ptolomeus. O sumiço de Cleópatra pode ter outra razão – ela já estava grávida do primeiro filho. Como o bebê nasceu em meados do ano seguinte, 47, é possível que tenha se dedicado à gestação durante a Guerra Alexandrina.

Com o fim da guerra, Júlio César e Cleópatra puderam relaxar. Os dois viveram um curto período romântico durante o qual fizeram um cruzeiro de um mês pelo rio Nilo, instalados numa esquadra de quase 400 barcos, bem ao estilo da rainha egípcia – iluminados e enfeitados com velas coloridas, com aposentos luxuosos e iguarias à mesa. Viajar pelo Nilo era uma atividade turística para os monarcas, porque eles podiam conhecer suas propriedades, parar em determinados portos para conversar com prepostos e trabalhadores, acompanhar o desempenho das plantações de grãos nas margens férteis do rio. Era uma chance para Júlio César inspecionar os seus domínios. Em 47, ele partiu para a Síria.

Desta vez, a história estava do lado de Cleópatra. Como consequência direta da guerra e da vitória de Júlio César, ela restou como única herdeira do clã dos ptolomeus. O antigo corregente Ptolomeu XIII, que apoiou os rebeldes na Guerra Alexandrina, era dado como morto, afogado no rio Nilo. A irmã de ambos, Arsinoe, estava presa, acusada de traição. Sem outra opção, o general deixou o governo da província egípcia nas mãos de Cleópatra. Só restava outro Ptolomeu homem na corte egípcia, o de número XIV, outra criança na faixa dos 10 anos de idade.

É provável que Cleópatra tenha se casado com o irmão, como era comum na corte egípcia, porque precisava de um rei oficial ao seu lado. Ao mesmo tempo, sabia que teria o poder de fato nas mãos ao se unir a uma criança. Poucos anos mais tarde, Ptolomeu XIV morreu misteriosamente – envenenado a mando de Cleópatra, dizem as más línguas.

Júlio César também manteve Chipre sob administração de Cleópatra, aumentando-lhe o patrimônio. A notícia repercutiu muito mal em Roma. Lá, dizia-se que o seu relacionamento com a rainha do Egito, uma estrangeira mística e exótica, havia feito o poderoso general abrir mão de território romano em favor do Egito.

César reconduz Cleópatra ao trono do Egito (ca. 1637), de Pietro Cortona Da-Lyon, é uma tradução renascentista do episódio, misturando trajes e cenários de épocas distintas, sem grandes preocupações com a verossimilhança histórica.

O primeiro filho da rainha nasceu depois da partida de Júlio César, mas não se sabe a data exata. A mãe chamou o primeiro herdeiro de Ptolomeu César Filadelfo, um nome adequado à dinastia ptolomaica e uma homenagem a Roma. O povo egípcio o chamava de Cesário, que quer dizer "pequeno César" – uma referência indireta à suposta

paternidade. Suposta porque, embora os historiadores clássicos reconheçam-no como filho de Júlio César, a paternidade de Cesário nunca foi estabelecida oficialmente.

A existência do filho com Cleópatra sequer aparece nas memórias escritas pelo pai muitos anos mais tarde – aliás, a própria Cleópatra é apenas uma referência curta nas memórias de Júlio César. O general também não o mencionou no testamento, deixando-o sem direitos de herança. A rainha do Egito, por sua vez, nunca anunciou Júlio César como o pai do primogênito. Talvez achasse desnecessário. Ou talvez o menino não fosse mesmo filho de Júlio César. Se não era, nenhum outro pai em potencial foi encontrado na vida de Cleópatra naquele período.

O certo é que, quando Cesário nasceu, Cleópatra mandava no Egito. Os três anos seguintes foram bons para ela. A rainha se dedicou aos assuntos administrativos do governo, em fazer a economia egípcia andar e aprovar obras em Alexandria. Do ponto de vista militar, ela não tinha do que reclamar. Júlio César havia lhe deixado três batalhões de soldados, logo transformados em quatro. O Egito parecia, de fato, pacificado e com uma rainha agora popular e respeitada.

Cleópatra aproveitou esse tempo para colar sua imagem à da deusa Ísis e apresentar ao povo o filho Cesário como herdeiro divino. Moedas foram cunhadas para celebrar a nova realidade. Obras de arte e inscrições foram criadas com a imagem de Cleópatra e do filho juntos, mãe e filho, deusa e deus. Cleópatra era a Nova Ísis. A existência de herdeiros garantia às mulheres egípcias o direito de se tornarem regentes em nome dos filhos. Assim, era perfeitamente aceitável que Cleópatra reinasse até que o filho crescesse. Ela já não precisava de um marido.

Sabe-se muito pouco sobre o cotidiano de Cleópatra nesse período. É quase certo que passou uma temporada em Roma, acompanhada de Ptolomeu XIV e de Cesário, mas não há consenso sobre quando isso aconteceu nem sobre o que ela foi fazer em Roma. Teriam sido negócios de Estado ou do coração? Os historiadores se dividem sobre esse tema, devido à falta de informações precisas sobre a viagem de Cleópatra.

Ela teria passado quase 18 meses em Roma (em uma ou duas oportunidades, não se sabe) e teria se hospedado numa casa do governo. Acredita-se que tenha aproveitado esse tempo para receber convidados ilustres da cidade, mas também para tratar de negócios. Afinal, o Egito era um importante contribuinte dos cofres de Roma e ela deveria ter pendências para resolver, como qualquer outro regente.

O romance com Júlio César, no entanto, domina as especulações. Algumas versões dão conta de que ela viveu esse tempo todo como amante oficial do general, para escândalo e deleite de Roma. É uma suposição discutível, porque Júlio César passou ausente, em guerras de conquistas, a maior parte do tempo em que Cleópatra esteve em Roma. O que ela teria feito? É provável que tenha se encontrado com Marco Antônio, o segundo homem em importância na hierarquia romana, braço direito de Júlio César. Fofoqueiros de plantão dizem até que o romance entre eles começou ali.

Da visita de Cleópatra a Roma restou uma estátua de bronze negro instalada no templo dedicado à deusa Vênus. Como a estátua é inspirada na deusa Ísis e foi criada a mando de Júlio César, acredita-se que tenha sido uma homenagem do romano à rainha do Egito. A cabeça da estátua, resgatada séculos mais tarde em escavações arqueológicas, pode ser vista no Museu Britânico.

Cleópatra certamente estava em Roma em 44, quando o mundo virou de ponta cabeça e o pêndulo da história moveu-se outra vez. Júlio César foi assassinado a facadas por um grupo de senadores. E agora, devia pensar Cleópatra naqueles dias, quem vai mandar em Roma? Como ficará o Egito na nova configuração de forças políticas? Os romanos invadirão o Egito, como ameaçaram tantas vezes? Cleópatra deve ter retornado a Alexandria ruminando essas dúvidas. Ela ficou em Roma pelo período de um mês após a morte de Júlio César, embora não tenha comparecido ao funeral.

No testamento de Júlio César, não há nenhuma palavra sobre Cleópatra ou sobre o filho presumido de ambos. O líder romano estipulou que, na ausência de herdeiros naturais, $\frac{1}{3}$ de sua fortuna deveria ser entregue a

seu sobrinho-neto, Otávio, a quem adotava postumamente como filho. O restante de sua fortuna deveria ser dividido entre dois outros sobrinhos. Otávio, que não havia entrado na história ainda, teria, a partir daquele momento, papel relevante na vida de Cleópatra e na história de Roma, e de todo o mundo Antigo.

A PAIXÃO POR MARCO ANTÔNIO

Roma entrou em ebulição política a partir de 44 e Cleópatra foi deixada sossegada no Egito pelos historiadores. A tão temida invasão romana não aconteceu. Só vamos saber mais alguma coisa sobre a rainha dois anos mais tarde, quando Marco Antônio entrou oficialmente na vida dela. Ou melhor, quando ela entrou na vida de Marco Antônio. E que entrada!

Ele tinha 42 anos e vivia o apogeu da carreira militar e política. Com a morte de Júlio César, angariou mais poder e prestígio na hierarquia do governo romano. Junto com Otávio e Marcos Lépido, que ainda não havia aparecido neste livro, mas era outro importante general de Júlio César, Marco Antônio integrava o Segundo Triunvirato – a aliança política entre os três para governar Roma. Eles dividiram as províncias entre si e a Marco Antônio cabia cuidar de todo o Oriente, inclusive do Egito de Cleópatra.

A rainha Cleópatra, aos 28 anos, já não era a virgem espevitada que conquistara Júlio César. Estava mais madura, mais sensual, mais inteligente, mais astuta. E mais sedutora. "César e Pompeu conheceram Cleópatra quando ela era ainda uma garota ignorante sobre o mundo", escreveu Plutarco.

> Com Marco Antônio as coisas eram diferentes, porque ela estava pronta para encontrá-lo; estava naquele momento em que as mulheres estão mais bonitas e têm pleno conhecimento. Ela se preparou para ele com muitos presentes, dinheiro e adornos da magnitude de sua fortuna e de seu reino, mas foi na capacidade pessoal mágica e em seu charme que depositou as melhores esperanças.

A cena do encontro entre Cleópatra e Antônio, descrita com detalhes por Plutarco, é um relato primoroso da vida na Antiguidade e da personalidade de Cleópatra. Plutarco considerava-a uma mulher traiçoeira e interesseira, mas nunca deixou de reconhecer a sua audácia, astúcia e charme. Segundo o historiador grego, Marco Antônio mandou-lhe várias mensagens exigindo que se apresentasse em Tarso, na Cilícia (hoje Turquia), para prestar contas sobre o que acontecia no Egito – havia sido informado de que ela ajudara financeiramente o exército de Cássio, um dos assassinos de Júlio César, e pretendia tirar satisfações.

Cleópatra não foi e nem respondeu, fingindo-se de indiferente. Quando foi ao encontro dele, convencida por um mensageiro, foi de arrasar. Era outono de 41. Tarso era então apenas uma vila cujos moradores estavam deslumbrados com a presença do lendário Marco Antônio. A possibilidade de Cleópatra juntar-se a ele naquele lugarejo perdido no mundo espalhou-se e deixou a população ainda mais excitada. A rainha do Egito já era precedida pela fama de mulher bela, sedutora e cativante. Seu romance com Júlio César era assunto das conversas nas ruas. Quando finalmente chegou, navegando pelas águas do rio Cydnus, a cidade parou para vê-la.

Esta é a cena da entrada de Cleópatra em Tarso, cena II, ato II, de *Antônio e Cleópatra*, de William Shakespeare:

> "Eu vou contar-lhe:
> A barca em que sentava, trono ardente,
> Queimava as águas; era de ouro a popa;
> As velas púrpuras e tão perfumadas
> Que estavam tontos de paixão os ventos;
> Eram de prata os remos bem ritmados
> Que, ao som das flautas, faziam as águas
> Em que batiam correr mais depressa,
> Como se amando os golpes. Quanto a ela,
> Nenhum retrato a iguala: recostada
> Em seu dossel – brocado todo de ouro –

O *bon vivant*

É impossível escrever um perfil único do romano Marco Antônio. Como Cleópatra, foi uma personagem de várias facetas. Militar racional, guerreiro forte e incansável, orador espirituoso, colecionador de mulheres, beberrão, arrogante, divertido, espirituoso; era tudo ao mesmo tempo ou tudo em tempos diferentes. Embora procurasse se apresentar como deus – Dionísio, o do vinho, das festas e dos prazeres –, Antônio revelou grandezas e fraquezas, como todos os humanos.

Pensando bem, o ator Richard Burton, com seu olhar de cachorro perdido em dia de mudança no filme de 1963, representa bem esse Antônio meio herói, meio vagabundo, meio irresponsável, meio fracassado. Acima de tudo, foi um homem poderoso, um dos mais importantes na história da humanidade.

Marco Antônio nasceu em Roma em 83 e se suicidou em 30 em Alexandria – 53 anos de vida, portanto. Sua mãe, Júlia, era aparentada com César e seu pai, também Antônio, era um desconhecido cidadão romano. Como não vinha de família nobre, sua ascensão social se deu, primeiro, por meio das habilidades militares, como soldado nas tropas de Júlio César e, depois, por sua capacidade oratória nos palcos da política. Foi pelas mãos de Júlio César que subiu na hierarquia romana, chegando a ocupar o segundo posto mais importante de Roma.

Sem dúvida, foi um homem bonito, de cabelos encaracolados e corpo atlético, desenvolvido no campo de batalha e em jogos esportivos. Segundo Plutarco, tinha uma aparência bem masculina, de nariz aquilino e o queixo forte. Desde cedo, revelou um lado *bon vivant*. Seus contemporâneos contaram que gostava de festas, brincadeiras e espetáculos de dança, música e farsa. Era amigo de palhaços e mágicos. Bebia mais do que devia, acordava de porre e gostava de estripulias sexuais. Oficialmente, teve quatro esposas, sem contar as aventuras com prostitutas e amantes.

A derrota na Batalha do Ácio, quando perdeu o poder para Otávio, permanece um mistério ná sua brilhante trajetória militar. Como pode ter errado tanto naquela guerra? Como pode ter deixado seus homens para trás no meio da batalha? Na falta de resposta melhor, atribuiu-se a responsabilidade à Cleópatra. A derrota deixou-o arrasado. A certeza de que havia perdido todo o poder levou-o ao suicídio. Otávio concedeu-lhe honras militares, enterrando-o ao lado de Cleópatra no Egito, como havia pedido em testamento.

Era mais bela do que a própria Vênus
Que, em sonhos, deixa pobre a Natureza.
Ao seu lado, meninos quais Cupidos
Sorriam, tendo abanos multicolores,
Com cujo vento abrasava o que arejavam,
Refazendo o desfeito."

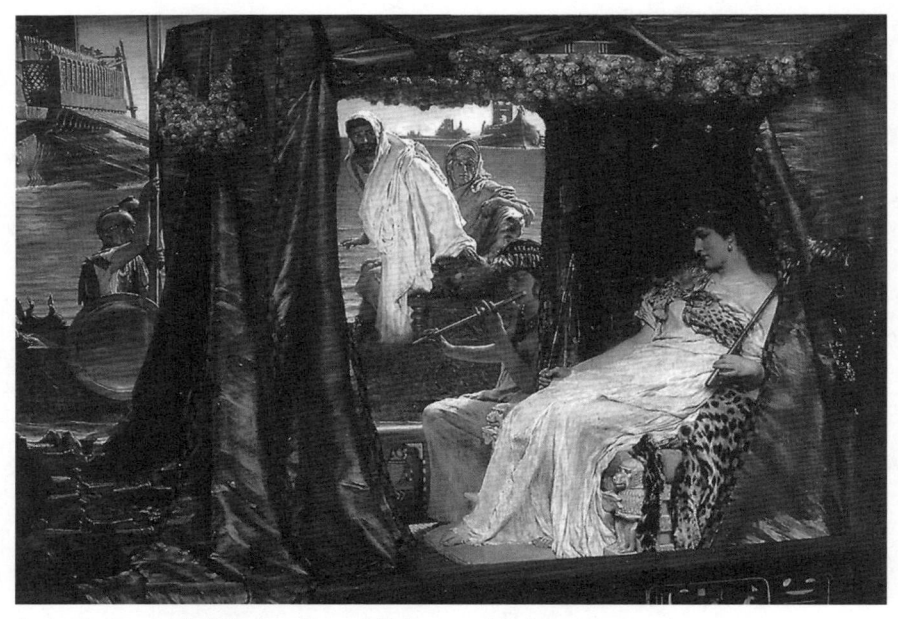

A cena do encontro de Cleópatra e Marco Antônio, como descrito por
Plutarco, é um prato cheio para a imaginação de artistas e poetas e um
desafio digno de palcos de teatro e grandes telas de cinema. [*Antônio e
Cleópatra* (1885), por Lawrence Alma-Tadema]

O povo seguia Cleópatra dos dois lados do rio; outros correram do
centro da cidade para ver o espetáculo. Um perfume memorável de diferentes incensos emanava do barco, inundando toda a praça do porto. O
que os moradores de Tarso viam era a representação perfeita de Afrodite,
a deusa grega do amor e da beleza. O dia já ia longe quando a embarcação finalmente aportou e a multidão se foi.

Marco Antônio podia ser visto sentado sozinho no porto. Convidou a rainha para jantar, mas ela insistiu para que ele subisse a bordo. Marco Antônio foi recepcionado por um show de luzes que se acendiam e se apagavam, criando formas geométricas diferentes, num emaranhado de retângulos, quadrados e círculos. Na cidade, dizia-se que Afrodite preparara um festival para Dionísio, o deus do vinho e dos prazeres.

No dia seguinte, Marco Antônio retribuiu o convite, pois considerava uma questão de honra superar a magnificência e o esmero com que Cleópatra o recebera. Conforme Plutarco, Marco Antônio não conseguiu nem uma coisa nem outra. Eis o que ele conta sobre esse momento:

> Ele foi o primeiro a rir de si mesmo, de sua falta de sofisticação e de seus modos de soldado. Cleópatra respondeu aos comentários de Antônio com o mesmo humor, relaxada e confiante. Muitos dizem que não foi sua beleza que o impressionou, mas a atração e persuasão de sua fala, a conversa inteligente e estimulante. Era um prazer ouvir o som de sua voz e ela podia moldá-la, como um instrumento musical, em várias línguas […].

A troca inicial de gentilezas e festas durou quatro dias. Os dois apostavam para ver quem preparava a recepção mais luxuosa e cara. Acredita-se que o romance entre eles tenha começado ali, embora ambos já se conhecessem. Como no caso de Júlio César, é impossível saber detalhes íntimos desses momentos entre os dois. Marco Antônio, como o líder romano morto, também era um apreciador das aventuras sexuais e extraconjugais.

Cleópatra convenceu Antônio a ir a Alexandria, onde viveram um período idílico, envolvidos em diversões, brincadeiras e banquetes. Cleópatra se dedicava totalmente a ele. Quando Marco Antônio parecia triste ou preocupado, ela inventava um jogo ou uma brincadeira para distraí-lo. "Parecia um menino em férias", comentou Plutarco. Cleópatra usou todas as técnicas de sedução disponíveis, dizem os fofoqueiros: jogou dados com ele, caçou com ele e o observou enquanto se exercitava com as armas. A rainha conhecia as preferências e as fraquezas do comandante e as explorava com sabedoria e maestria.

Nas exibições de luxo e grandiosidade cuidadosamente estudadas que marcaram a aproximação da rainha do Egito com o novo líder romano, Cleópatra mostrou-se insuperável. Ao tentar reproduzi-las, os artistas usam muitas referências de sua própria época. [duas versões de Giovanni Battista Tiepolo (1696-1770) para *Marco Antônio e Cleópatra*]

Para demonstrar as artimanhas de Cleópatra na arte de manter Marco Antônio cativo de seus poderes de sedução, conta-se o episódio de uma pescaria. A história revela uma faceta de Cleópatra cativante e bem humorada, o tipo de encantamento que, segundo os autores clássicos, compensava a falta da beleza física tradicional. Nessa pescaria, Antônio não fisgou nada. Disfarçadamente, para que Cleópatra não o visse, mandou os pescadores mergulharem e prenderem peixes já fisgados a seus anzóis. Cleópatra não caiu nessa quando o viu puxar dois ou três peixes, mas fingiu-se de surpresa.

No dia seguinte, um grupo de amigos juntou-se aos dois nos barcos de pesca e Antônio começou a puxar a linha, todo orgulhoso de si mesmo. Cleópatra deu-lhe o troco. Ordenou a um dos escravos que prendesse um peixe já salgado ao anzol de Antônio. Quanto ele pensou que tinha fisgado algo bom e o tirou do mar, houve um festival de gargalhadas. Ela disse: "General, deixe a pesca conosco, os regentes de Pharos e Canopus (duas regiões do Egito). Seu negócio são as cidades, os reinos e os países".

À noite, os dois andavam a esmo pelas ruas de Alexandria; ela usando roupas de camareira e ele, disfarçado em servente. Bebiam nos bares e envolviam-se em discussões e brigas, embora muitos soubessem quem ele era. Os moradores de Alexandria apreciavam seu jeito irreverente e acompanhavam suas aventuras com bom humor. Diziam que usava uma máscara sisuda para os romanos e outra alegre para os moradores de Alexandria.

Em suas loucuras, tinham a companhia de amigos aos quais chamavam de "Os Inimitáveis". Encontravam-se todos os dias para "extravagâncias e gastos além da imaginação", como disse Plutarco. O melhor exemplo dessas "extravagâncias" foi relatado ao escritor grego por seu avô, que a ouviu de um amigo estudante de Medicina que viveu em Alexandria na mesma época de Cleópatra e Marco Antônio. O estudante teria visitado o Palácio Real a convite de um dos cozinheiros para ver as suntuosas preparações para o jantar.

Quando foi levado à cozinha, o estudante se surpreendeu com a enorme quantidade de comida disponível, em especial, com oito javalis

inteiros sendo assados. Imaginou que haveria um grande número de convidados, mas o cozinheiro riu e disse que seriam apenas 12. A quantidade de comida se justificava porque cada prato deveria ser servido no ponto perfeito para consumo. Assim, a qualquer momento em que Antônio pedisse o jantar, haveria um javali pronto. Se ele mudasse de ideia, pedisse mais vinho ou se envolvesse numa conversa acalorada, deixando para comer mais tarde, haveria outro jantar no ponto.

O que mais havia nas mesas egípcias da Antiguidade, além dos javalis assados e vinho? Ah, patê de *foie gras*, com certeza, porque foram os

Jantares e ceias são temas recorrentes dos pintores, pois permitem colocar em cena um grupo de pessoas em posições mais informais e apresentar uma gama variada de cores e objetos.
[*Banquete de Cleópatra* (ca. 1675-1680), por Gérard de Lairesse]

 CLEÓPATRA

[*Banquete de Antônio e Cleópatra* (1669), por Jean de Bray]

[*O banquete de Cleópatra* (início do século XVIII), por Gerard Hoet]

O episódio da pérola, considerado
extremamente sedutor, não encantou só
Marco Antônio. Intelectuais ficaram intrigados.
Químicos procuraram explicações científicas.
Pintores tentaram traduzi-lo em arte. Leitores
de todos os tempos se deleitaram.

egípcios os descobridores da iguaria. Estudiosos da gastronomia na Antiguidade apostam que o casal também se fartava de línguas de flamingos do Nilo e *escargots*. Provavelmente comiam um tipo de roedor chamado arganaz, mas gostavam mesmo era de vísceras bem temperadas com especiarias e servidas em pratos em formato de animais.

As extravagâncias de Cleópatra não tinham limites. Em um dos tantos banquetes oferecidos aos amigos, ela preparou uma surpresa para afastar o tédio. Tirou um dos brincos de pérola e colocou-o num cálice com o que parecia ser vinho. Quando a pérola se dissolveu, olho no olho com Marco Antônio, ela bebeu da bebida, num gesto de sedução e prazer. Era uma das duas maiores pérolas já vistas no mundo. Pérolas eram pedras muito valorizadas na Antiguidade e caríssimas. A que sobrou, dizem alguns relatos de forma metafórica, foi dividida em duas partes e estão nas orelhas de Vênus, a deusa do amor e da beleza para os romanos.

Seria possível vinho ou vinagre derreter pérola, ainda mais tão grande e pura como dizem ser as de Cleópatra naquela noite? Estudos posteriores sugerem que se tratava de um tipo de vinho já quase vinagre, rústico, ácido e corrosivo, que poderia, sim, dissolver a pérola. Se era, como Cleópatra sobreviveu ao beber a mistura? Há explicações químicas para isso também, segundo a qual uma combinação de ácidos aplacaria o veneno da mistura.

Tudo é possível, mas precisamos considerar que o episódio da pérola pode ter sido apenas uma grande invenção. E daí, se for mentira? A cena de Cleópatra seduzindo Marco Antônio com pérolas derretidas num cálice de vinagre é de um exotismo raro mesmo em romances de ficção. Verdade ou não, histórias como essas deram à Cleópatra a fama de mulher encantadora.

Em Roma, onde essas histórias chegavam em tom de fofoca e maledicência, a estadia de Marco Antônio em Alexandria, em companhia de uma amante oriental e dada a tais atividades de luxo e lazer, começou a incomodar e a servir de veneno contra ele. Otávio, símbolo das tradicionais regras romanas, soube aproveitar-se desses comentários e ocupar espaços políticos na ausência do rival. Ele não perdia a chance de reclamar do comportamento de Marco Antônio em seus discursos no Senado.

A parceria afetivo-política entre Cleópatra e Marco Antônio seria lembrada por séculos e séculos depois de seu trágico fim, tornando-se uma referência. [*O banquete de Marco Antônio e Cleópatra* (1717), por Francesco Trevisani]

Em 40, Marco Antônio deixou o Egito. O idílico romance com Cleópatra acabara e a realidade da vida política impusera-se de forma drástica. Em Roma, ele se casou com a meia-irmã de Otávio, Otávia, selando um acordo de paz entre os dois. O casamento foi imposto por

Otávio como demonstração da fidelidade de Marco Antônio a Roma. O novo casal viveu em Atenas, na Grécia, durante três anos. Otávia teve duas filhas com Marco Antônio, ambas chamadas Antonia. Uma delas, aliás, viria a ser avó do imperador Nero.

O relacionamento de Marco Antônio com Cleópatra já era público, mas ela nunca seria aceita em Roma como sua mulher – a lei romana não reconhecia casamentos com estrangeiros. No mesmo ano do casamento de Marco Antônio e Otávia, Cleópatra deu à luz os primeiros filhos da união com ele, os gêmeos Alexandre e Cleópatra. Roma e Otávio fechavam os olhos à vida paralela dele no Egito desde que não interferisse nos negócios do Estado.

A rainha do Egito estava sozinha novamente. Mais uma vez, foi deixada de lado pela história, dedicando-se a cuidar da vida rotineira e dos negócios do Egito pelos próximos três anos e meio. Quase nada se sabe sobre o cotidiano de Cleópatra nesse tempo de separação de Marco Antônio. Os dois teriam se falado por cartas? Por intermediários? Marco Antônio teria acompanhado o crescimento dos filhos? Teria participado de sua educação? Ninguém sabe. Os amantes só voltariam a se encontrar quase quatro anos depois.

Em Roma, os desentendimentos entre Marco Antônio e Otávio pelo domínio do Estado romano davam os primeiros sinais explícitos. O Segundo Triunvirato começava a se desfazer por razões não tão difíceis de imaginar. Embora fossem três, os comandantes de fato eram apenas dois – Marco Antônio e Otávio. Lépidos, talvez por ser menos ambicioso, talvez por ter menos soldados e ouro, nunca entrou na briga para valer contra os dois parceiros, e morreu, meio esquecido, anos mais tarde. O Segundo Triunvirato era, na prática, um duovirato. E os seus dois integrantes combatiam entre si para provar quem era o melhor e o primeiro.

Otávio e Marco Antônio simbolizaram forças políticas e culturais diferentes – até antagônicas – na Roma antiga. Otávio era jovem, bem educado, culto. Vivia em Roma e chegou a ter sob sua influência toda a parte ocidental do mundo romano, incluindo Itália, a então Gália (hoje

França, algumas partes da Bélgica e da Alemanha e o norte da Itália) e províncias Bálcãs. Marco Antônio era um general com algumas guerras nas costas que sempre conquistara poder político pela via militar. Igualmente culto, chegou a ser eleito cônsul. A ele coube o domínio sobre a chamada porção oriental do Estado romano – Grécia, parte da Ásia, do norte da África e do Oriente Médio. Sua base era Alexandria, então capital do Egito.

Já naquela época havia um clima de Oriente *vs.* Ocidente no ar. Otávio representava os valores ocidentais, europeus. Seu parentesco com Júlio César era apresentado como uma prova de suas origens genuinamente romanas e europeias. Marco Antônio era apontado como um homem com o coração no Oriente, por causa de suas ligações com o Egito e com Cleópatra, sua predileção por bebidas e festas. Para a população romana, os egípcios formavam um povo exótico e místico, e Cleópatra simbolizava essa percepção.

No mundo político, Antônio e Otávio também representavam grupos de interesses distintos. Marco Antônio era considerado mais "republicano", porque parecia defender a manutenção da República e o sistema de governo descentralizado. Otávio, por sua vez, já despertava suspeitas de que sonhava com o poder centralizado de um imperador. Por isso, o Senado se dividia entre os que preferiam Antônio e os que apoiavam Otávio. Os dois lutavam para conseguir a supremacia sobre o outro.

Marco Antônio tinha planos ambiciosos para superar Otávio e contava com o apoio do rico Egito. Era hora de colocá-los em prática. Plutarco escreveu que Marco Antônio cedeu à atração diabólica por Cleópatra, que havia ficado adormecida por algum tempo, e a chamou à Antioquia (hoje, parte da Turquia) em 37. Não passou pela cabeça do autor grego que Antônio tinha negócios a resolver. Mas ele tinha. Cleópatra passou dois meses ali acompanhada pelos filhos gêmeos, agora com quase 4 anos de idade, e selou com Antônio o acordo que os uniria politicamente até a morte.

Os dois levaram dias negociando os termos desse acordo. O casal acertou que o Egito forneceria armamentos, homens e provimentos ao

exérçito de Antônio e receberia em troca parcelas do território romano. Como resultado do acordo, Antônio transferiu para Cleópatra o domínio sobre uma leva de províncias romanas e concordou em matar a irmã da rainha, Arsinoe – a moça estava presa a mando de Júlio César. Cleópatra queria acabar com qualquer possibilidade de outro herdeiro reivindicar o trono egípcio. Marco Antônio concordou.

Além disso, o comandante romano reconheceu os filhos nascidos do seu relacionamento com Cleópatra e participou com eles de uma cerimônia para troca de nomes. Alexandre passou a se chamar Alexandre Hélio (Sol) e Cleópatra acrescentou Selene (Lua) ao seu nome. As crianças tornaram-se oficialmente herdeiros de Roma – como filhos de um cônsul romano – e do Egito, e representantes diretos dos deuses.

De volta a Alexandria, Cleópatra comemorou o novo *status* político como era de seu feitio – com uma grande festa e um desfile triunfal pelas ruas da cidade. Para ela, tratava-se de uma nova era na história egípcia, o início do resgate do antigo prestígio político. A rainha parecia acreditar que, aliada a Marco Antônio, conseguira fortalecer seu reinado e o Egito. Ela não deixou por menos: mandou cunhar moedas com sua imagem de um lado e a de Antônio no reverso e mudou o calendário para marcar o início de um novo Egito – o ano I da nova era.

Mas... e o amor? Havia espaço para o amor no acordo firmado entre Cleópatra e Antônio? É certo que os dois reataram o romance. Em Alexandria, pouco tempo depois, em 36, Cleópatra deu à luz o terceiro filho do casal, Ptolomeu Filadelfo. Ela estava sozinha. Outra vez, voltou-se para o governo do Egito enquanto Roma fervilhava com a queda de braço cada vez mais agressiva entre Antônio e Otávio.

Com financiamento egípcio, Marco Antônio atirou-se a uma de suas extravagantes aventuras militares – a conquista da Párcia, uma região da antiga Pérsia, atual Irã. A empreitada militar com a qual ele tanto sonhara começou em 36, durou quase dois anos e foi um fracasso. O comandante montou um exército de 100 mil homens e avançou sobre a Párcia através da Síria e da Armênia para alcançar a região pelo Norte.

Nº 9

ANTOINE ET CLEOPATRE

Na série de ilustrações sobre amantes célebres,
feita por Agostino Carracci (1557-1602), não podia
faltar o ardente casal Marco Antônio e Cleópatra.

Durante a empreitada, a tropa teve uma série de contratempos, perdeu as provisões e chegou ao destino estropiada. Era início do inverno. Os homens morriam mais de frio e fome do que dos ferimentos da batalha. Os párcias cortaram as rotas de suprimentos, sufocando os invasores. Marco Antônio teve que recuar para a Síria. Havia perdido quase 30 mil soldados e não tinha mais comida nem roupas para seguir adiante. Acabou pedindo socorro a Cleópatra. A rainha do Egito foi, levou mantimentos e roupas e ajudou-o a retornar à Turquia. De lá, o casal voltou para Alexandria.

Na versão de Plutarco, a responsabilidade pelo fracasso da empreitada contra a Párcia coube à Cleópatra. Pode? Pode. Eis o que ele escreveu:

> [...] toda a preparação e poder, que intimidariam até a Índia e fizeram tremer toda a Ásia, foram insuficientes para levar à vitória por causa de Cleópatra. Ele [Marco Antônio] estava tão ansioso para passar o inverno com ela que começou a guerra antes do tempo apropriado e comandou tudo de forma confusa. Ele não era mais senhor de suas faculdades. Era como se estivesse sob a influência de certas drogas ou de rituais mágicos, sempre olhando na direção dela e pensando mais num retorno rápido do que na conquista do inimigo.

Em Roma, Otávio explorou à exaustão o episódio. O prestígio político de Marco Antônio começava a esmorecer – e o de Cleópatra também. Nesse contexto, por amor ou por necessidade de sobrevivência política, Marco Antônio precisava cada vez mais de Cleópatra. Distante de Otávio e gradualmente desacreditado em Roma, era fundamental para ele contar com um aliado econômica e militarmente forte como o Egito. Não lhe restava outra escolha.

O relacionamento entre Marco Antônio e Cleópatra estreitou-se mais um pouco em 34, transformando-se quase num casamento oficial – pelo menos, do ponto de vista dos egípcios. Em troca de mais apoio político e financeiro para bancar seus projetos militares, Antônio transferiu para Cleópatra e seus filhos outras parcelas de território romano. A decisão de Antônio passou à História como as Doações de Alexandria. A partir delas, Cleópatra tornou-se uma das regentes mais ricas do Oriente.

As novas aquisições davam à Cleópatra uma dimensão política que, talvez, nem ela tivesse ousado sonhar. Na prática, retomou os territórios que haviam integrado o antigo Império Egípcio, o império de seus primeiros antepassados durante o domínio de Alexandre, o Grande. Antônio e Cleópatra celebraram o novo arranjo, uma espécie de união entre Ocidente e Oriente, com uma cerimônia majestosa em Alexandria. Os dois reuniram uma multidão no ginásio erguido bem no coração da cidade. Ali se via, segundo o grego Plutarco, Cleópatra e Antônio sentados em tronos dourados sobre palcos prateados. Em nível um pouco mais baixo estavam os três filhos do casal e Cesário. O casal personificava Ísis e Dionísio. Antônio se levantou e reconheceu Cleópatra como rainha do Egito, oficializando a transferência dos novos territórios para sua administração. A partir daquele momento, disse ele, Cleópatra deveria ser chamada de "a rainha dos reis". E Cesário, segundo Antônio, o verdadeiro herdeiro de Júlio César e de Roma, seria chamado de "rei dos reis". As crianças Alexandre, Cleópatra e Ptolomeu vestiam trajes típicos e símbolos das províncias agora incorporadas ao Egito.

Em 34, os dois ainda promoveram outro espetáculo público de arrepiar. Para se recuperar do fracasso do ataque à Párcia, Antônio invadiu a Armênia. Confiscou todos os tesouros da corte e prendeu o rei Artavasdes, a mulher dele e os dois filhos do casal. Para comemorar, desfilou pelas ruas de Alexandria, como havia aprendido a fazer em Roma. Vestia uma capa dourada e botas de cano longo e usava uma guirlanda na cabeça, numa representação do deus Dionísio.

Uma multidão acompanhava a passagem do cortejo. Os tesouros confiscados da Armênia, principalmente peças de ouro e prata, enchiam uma das carretas. Os antigos regentes armênios e seus filhos desfilavam presos por correntes nos braços e tornozelos. Caminhavam aos tropeços, maltrapilhos, como símbolos da vitória. Tradicionalmente, prisioneiros de guerra eram executados após o desfile triunfal, mas Antônio decidiu poupar-lhes a vida, como sinal de benevolência. Cleópatra esperava a chegada de Antônio sentada numa plataforma dourada, como convém a uma rainha.

Os espetáculos protagonizados por Antônio e Cleópatra pareciam uma forma de enfrentar a propaganda negativa de Otávio, porque a conquista da Armênia não tinha sido um feito militar tão importante assim. A derrota de Antônio na campanha contra a Párcia foi humilhante demais para ser compensada pela conquista de uma província já aliada. O que estava por trás do movimento do casal era o desafio à autoridade de Otávio, um recado para que não se sentisse tão tranquilo quanto à sua posição à frente do governo romano.

À medida que perdia terreno no confronto com Otávio, mais Marco Antônio se aproximava e se apoiava em Cleópatra e no Egito. Cleópatra também não tinha outra opção – seu destino estava ligado ao de Antônio e só ao dele, não mais ao de Roma. O casal era visto como uma só entidade. Os inimigos, no fundo, temiam que os dois planejassem construir um novo império juntos a partir do Egito. Os partidários de Otávio intensificaram a campanha contra o casal.

Como a briga com Antônio era constrangedora, porque ele era romano, os adversários atacavam Cleópatra e o Egito. A rainha transformou-se em bode expiatório da campanha de Otávio contra Marco Antônio. Segundo Otávio, ela e o Egito eram as reais ameaças a Roma, porque mantinham Marco Antônio enfeitiçado e sujeito aos seus interesses. Cleópatra era chamada de mentirosa, ambiciosa e interesseira, para dizer o mínimo. Prostituta era a palavra mais comum para descrevê-la.

Como uma Eva, Cleópatra era acusada de ter oferecido a Marco Antônio, o Adão romano, a maçã que o fazia desafiar os deuses e as leis de Roma. Dizia-se que o controlava por meio de magias e bruxarias para levá-lo a trair Roma e a própria esposa Otávia, de quem os romanos gostavam e respeitavam. Nas palavras de Plutarco, Cleópatra era capaz de qualquer coisa para dominar Antônio. Veja só o que o grego escreveu:

> Ela fingia estar apaixonada por Antônio, e até emagreceu com uma dieta alimentar. À aproximação de Antônio, usava uma expressão de deslumbramento no rosto e, na ausência dele, de melancolia e tristeza. Podia ser vista em lágrimas, que tentava disfarçar logo em seguida, sabendo que Antônio as vira.

Mentirosa, interesseira, manipuladora, promíscua, insaciável, feiticeira, dissimulada, prostituta – foram alguns dos adjetivos atribuídos a Cleópatra pela campanha difamatória liderada por Otávio contra a amante e aliada política de Marco Antônio. [*Cleópatra* (1877), por Joseph Coomans]

A fama de promíscua espalhou-se pelas províncias. Era difícil separar fatos de fofocas. Uma dessas histórias sobre a sua sede por sexo dá conta de que ela tentou seduzir até o rei da Judeia, Herodes. Ela o teria assediado em uma de suas visitas à Judeia. Os dois regentes eram contemporâneos e mediam forças diante de Roma. Como o Egito, a Judeia havia sido conquistada pelos romanos. Assim, ambos os regentes moviam-se na corda bamba para manterem seus reinos independentes de Roma e, ao mesmo tempo, preservarem a coroa e a vida. O próprio Herodes teria contado o episódio a seu biógrafo, mas ninguém mais o relata.

Em 35, a possibilidade de uma guerra decisiva pelo poder romano estava no ar. Otávio acusava Marco Antônio de usurpar Roma em benefício de Cleópatra, transferindo a ela e seus descendentes parcelas do território romano. Marco Antônio respondia aos ataques acusando Otávio de não cumprir acordos financeiros, apropriando-se de bens, exércitos e terras que não lhe pertenciam. Segundo ele, Otávio devia-lhe parte da Sicília, além de barcos e tropas que tinham sido apenas emprestados. Antônio afirmava que Otávio planejara a derrocada de Lépidos para se apossar das propriedades, exércitos e território do antigo parceiro. E reclamava que Otávio havia doado quase toda a Itália em lotes para os próprios soldados, excluindo os soldados dos outros colegas de triunvirato do negócio.

Em 32, já a caminho da guerra, Marco Antônio anunciou o divórcio de Otávia e o casamento com Cleópatra, marcando o rompimento oficial da aliança com Otávio. Parecia confiante na união com o Egito e no apoio das províncias sob influência política de Cleópatra para vencer as forças de Otávio. Além disso, insistiu que Cesário, filho presumido de Cleópatra e Júlio César, era o verdadeiro herdeiro de Roma. Portanto, era ele quem defendia de fato os interesses romanos.

O casamento dos dois, para horror dos romanos, foi celebrado segundo as tradições egípcias, com muita comida e bebida, cerimônias públicas em que o casal era reverenciado como reis e deuses ao mesmo tempo, num resgate das tradições religiosas antigas. Otávia foi mandada de volta a Roma.

Otávio sentiu o golpe. Marco Antônio desafiara seu lugar em Roma atacando justamente o elemento mais consistente de sua força política – a herança consanguínea de Júlio César. Otávio nunca foi um grande combatente militar como Antônio. Portanto, a origem de seu poder era mesmo o parentesco com Júlio César. Ao desafiar a fonte do poder de Otávio, Marco Antônio abriu o flanco para o conflito final.

Naquele mesmo ano, 32, Otávio convenceu o Senado a declarar guerra contra Cleópatra e o Egito. Veja bem: contra Cleópatra, não contra Marco Antônio, o comandante das forças romanas no Oriente e no Egito. A decisão dos romanos indica que a campanha de Otávio contra Cleópatra e o Egito tinha alcançado seus objetivos. Otávio dizia estar lutando pelos interesses romanos, mas brigava de verdade pelos próprios. Plutarco resumiu assim o sentimento de Roma com relação a Cleópatra e Marco Antônio.

> [...] ela estava prejudicando Antônio com sua conduta. Ele era odiado por ter se enganado sobre uma mulher assim. Ele era odiado também pela doação feita aos filhos em Alexandria. Isso era visto [...] como uma demonstração clara de ódio por Roma.

Roma caminhava para uma guerra decisiva entre os seus dois mais importantes líderes, e Cleópatra estava bem no meio dela.

A DERROTA

A BATALHA DO ÁCIO

No dia 2 de setembro de 31, as 500 embarcações de Marco Antônio e Cleópatra e as 400 de Otávio enfrentaram-se no mar Jônico, no litoral grego, anunciando um dos mais relevantes acontecimentos na história da humanidade – o fim da República e o início do Império Romano. Quatro anos depois, em 27, Otávio era ungido primeiro imperador romano pelo Senado, passando a chamar-se Otávio Augusto César. O Império Romano dominou toda a região que vai da Europa ao Oriente, passando pela Ásia e pela África, durante quase cinco séculos.

O algoz

Otávio Augusto César nasceu como Caio Júlio César Otávio em 63. Sua mãe era filha de Júlia, irmã de Júlio César. Nos dias atuais, a ascensão política de Otávio seria considerada um caso de nepotismo. Aos 20 anos, ele caiu de paraquedas no centro do poder romano e mundial na Antiguidade por ser sobrinho-neto do chefão, Júlio César.

Embora a República tivesse substituído a Monarquia em Roma, Júlio César angariou tanto poder que agia como monarca, indicando o sucessor. Como não tinha filhos naturais (Cesário, da união com Cleópatra, foi ignorado), ele adotou Otávio e fez dele o seu herdeiro.

A favor de Otávio pode-se dizer que, depois da estreia por vias tortas, ele se tornou um perspicaz estrategista político. Fez valer o seu papel no desenho político de Roma e firmou-se como herdeiro de Júlio César. A partir daí, lentamente, eliminou os concorrentes – inclusive Marco Antônio – até tornar-se, como o tio-avô, o supremo mandatário romano.

Em 27, assumiu o posto de primeiro imperador romano, passando a se chamar Otávio Augusto (o grande, o magnífico). O mês de agosto tem esse nome em homenagem a ele. Otávio morreu em 14. Sem herdeiros naturais, nomeou o comandante Tibério para sucedê-lo. Aliás, como o tio havia feito.

Surpreendentemente, Otávio não foi um déspota. Sob sua liderança, a paz prevaleceu na Europa e no Oriente. Roma estendeu seus tentáculos e influência para a Alemanha e Áustria, iniciando um ciclo de quase quatro séculos de dominação política.

Ao mesmo tempo, Otávio cuidou da casa: modernizou as cidades da Itália, criou um sistema de cobrança de impostos, implantou o serviço postal e fez obras de infraestrutura como galerias e novas estradas. O Egito, sob seu reinado, desapareceu do mapa.

Longamente planejada, a Batalha do Ácio representou o ápice da disputa pelo controle do Estado romano entre Marco Antônio e Otávio. A República Romana enfraquecia-se enquanto seus dois principais líderes brigavam entre si. Alguém teria que vencer e predominar. Esse "tudo ou nada" aconteceu nas águas do mar Jônico. Quase 200 mil homens participaram da contenda, que terminou ao final do dia com centenas de barcos em chamas.

Há muitas dúvidas sobre os acontecimentos do dia. Sabe-se que as duas esquadras encontraram-se na costa da Grécia e que lutaram. Horas depois, Otávio podia se considerar vencedor porque, no meio da disputa, Marco Antônio e Cleópatra fugiram para Alexandria, levando consigo parte da esquadra (cerca de 60 barcos) e os tesouros milionários do Egito. O casal deixou para trás, entregues à própria sorte na batalha, os outros barcos e marinheiros. Sem comando, os homens se renderam às tropas de Otávio. Os barcos restantes foram tomados, afundados ou queimados.

A fuga repentina de Cleópatra e Marco Antônio é o ponto central da Batalha do Ácio e fonte de discussões acaloradas até hoje. A debandada dos dois deu a vitória a Otávio ou os dois bateram em retirada porque a guerra já estava perdida? Há historiadores e analistas militares dispostos a justificar as duas correntes de opinião. A pergunta crucial, ainda sem resposta, é: o que teria acontecido para que Marco Antônio e Cleópatra abandonassem barcos e homens à própria sorte, enquanto se salvavam?

O historiador Dio Cássio escreveu um relato minucioso e contundente sobre o episódio. Segundo ele, a responsabilidade pela debandada de Marco Antônio do palco da guerra no Ácio é de Cleópatra. Na versão dele, a rainha do Egito abandonou a guerra por pura futilidade, levando Marco Antônio consigo. Cássio afirma que Cleópatra aproveitou-se de um vento que soprava na região no meio do dia, içou as velas de sua embarcação e furou o cerco dos barcos de Otávio. Simplesmente fugiu com uma fortuna escondida no barco. A descrição do escritor para o episódio é cruel com Cleópatra:

A batalha permanecia equilibrada por muito tempo e nenhum dos antagonistas podia avançar sobre o outro. O final chegou desta maneira: escondida numa embarcação posicionada atrás da sua esquadra, Cleópatra não conseguia mais suportar a ansiedade da espera por uma decisão. Bem de acordo com sua natureza de mulher e egípcia, ela era torturada pela agonia do longo suspense e pela assustadora expectativa por um desfecho. Decidiu, então, içar velas em direção a alto mar, beneficiada por um vento repentino. Marco Antônio pensou que os soldados [...] fugiam de uma derrota iminente e decidiu segui-los.

Mais adiante, ele conta o que aconteceu com os marinheiros depois da partida do comandante Marco Antônio. A descrição não poderia ser mais constrangedora:

Quando isso [a fuga] aconteceu, o restante dos soldados sentiu-se desencorajado e confuso, desejando realizar eles próprios a mesma manobra para escapar. Eles ainda tentaram: alguns içaram velas e outros jogaram ao mar o peso excedente nos barcos, como as torres de guerra, para deixá-los mais leves. Enquanto estavam ocupados nessas tarefas, os adversários caíram sobre eles.

Segundo Cássio,

[...] os adversários não foram atrás dos fugitivos porque eles próprios não tinham velas em barcos de guerra e porque ainda havia muito para lutar contra os outros barcos. Assim, de ambos os lados o conflito assumiu características variáveis e cruéis. Os homens de Otávio procuravam abalroar a parte baixa dos barcos inimigos, atingindo e inutilizando os remadores e os remos, ao mesmo tempo em que desembarcavam no convés para dominar os adversários, atacando-os e lutando contra eles, já que ambos os lados eram agora em igual número de soldados. Os homens de Marco Antônio empurravam seus atacantes de volta com arpões, cortavam-nos com machados ou jogavam pedras naqueles que tentavam subir nos barcos, e lutavam contra os que conseguiam.

Estátua em mármore de Otávio
em vestes imperiais – uma
couraça decorada com relevos, a
capa dos comandantes militares
(*paludamentum*) presa em um dos
ombros e enrolada em seus quadris,
o cetro na mão esquerda –
comunicando-se com um público
com um gesto largo do braço direito.

Barcos da Antiguidade

Os navegadores mais famosos da Antiguidade foram os fenícios, mas os egípcios também garantiram a fama de grandes construtores de barcos. O sucesso nesse negócio é fácil de explicar: o Egito dependia das atividades econômicas desenvolvidas ao longo do rio Nilo e, portanto, de embarcações para transporte de pessoas e mercadorias. Nas águas calmas do Nilo sopra um vento norte, ideal para barcos a vela, leves e velozes. Para enfrentar a força das ondas do mar, no entanto, eram necessários barcos mais pesados e movidos a remos.

Nas guerras navais ou em patrulhamento contra ataques piratas, os contendores usavam embarcações a remo, que poderiam ou não estar equipadas com velas. Tudo dependia da estratégia dos comandantes militares. O ideal é que uma esquadra de guerra tivesse uma composição mista de embarcações leves, a vela, e pesadas, a remo, para executar manobras diferentes de ataque, abordagem e retirada durante batalhas em alto mar.

O barco de guerra mais rápido desse período histórico é o trireme e teria sido desenvolvido pelos gregos. A marinha grega utilizou esquadras compostas majoritariamente por triremes nas guerras do Mediterrâneo. O nome indica que os remadores eram dispostos em três níveis diferentes de altura no barco. Essa formação, geralmente com mais de um remador em cada remo, aumentava a força da propulsão e a capacidade da embarcação de responder com rapidez às mudanças de rota.

Havia também quinqueremes, as maiores embarcações de guerra da época, com capacidade para até 500 homens, dos quais 300 eram remadores, e 150 toneladas de peso. Ao contrário do que se poderia imaginar, o nome tem pouco a ver com o número de níveis dos remos. Quinqueremes podiam ter dois níveis de remos com dois ou três homens em cada ou três remos com dois remadores ou apenas um. Eram portentosas máquinas de ataque,

mas perderam importância com a redução dos conflitos navais durante o Império Romano.

As táticas de ataque naval na época, quando ainda não se usavam canhões, resumiam-se a diferentes manobras de aproximação. Os barcos mais pesados, posicionados na linha de frente ou nas laterais da esquadra, aproximavam-se dos adversários tentando abalroá-los abaixo da linha do mar com esporões instalados na proa. Assim, afundavam a embarcação adversária.

Outra manobra consistia em buscar aproximação lateral com as embarcações inimigas. Desse modo, os soldados podiam desembarcar no deck vizinho por meio de uma ponte pênsil e iniciar uma batalha corporal. A operação era mais vantajosa, pois evitava a destruição do barco oponente e possibilitava a apropriação do dinheiro e da tripulação. Era a manobra preferida pelos romanos, porque a luta corporal nos conveses reproduzia uma batalha em terra firme. Os romanos eram considerados melhores soldados do que marinheiros.

Plutarco seguiu a mesma linha de raciocínio. Sua descrição da influência de Cleópatra sobre Marco Antônio é ainda mais passional do que a do colega. Na versão de Plutarco, Marco Antônio é um homem sem capacidade de decisão por estar dominado pela paixão por Cleópatra. Segundo essa versão, Marco Antônio agiu sob a influência dela.

"Era como se estivesse tomado pelo espírito dela e uma força imperiosa o levasse aonde ela estava", escreveu Plutarco. Marco Antônio teria se esquecido de todo o resto, teria traído e abandonado os que lutavam e morriam em seu nome. Depois, no barco de Cleópatra, sentado no convés, sozinho e em silêncio, segurava a cabeça com as duas mãos, como se não acreditasse no acontecido.

Essa versão resistiu durante muito tempo porque os relatos de Cássio Dio e Plutarco são as principais fontes de informação sobre aquele episódio. E os dois, como já sabemos, serviam à causa de Otávio, ao responsabilizar o Egito e Cleópatra pelas decisões de Marco Antônio. Convenhamos que foi um jeito contraditório de salvar a pele de Marco Antônio. Em vez de desertor, ele foi transformado em um homem fraco, manipulável e sem vontade própria. Cleópatra, sempre ela, teria enfeitiçado Marco Antônio com magias egípcias. Essa versão não ajudou muito a biografia de Marco Antônio nos séculos seguintes, mas foi a que prevaleceu na história.

Mais recentemente, como tudo que diz respeito à vida de Cleópatra, essa versão passou por revisões. Não se colocam em dúvida os fatos relatados por Cássio e Plutarco. Cleópatra realmente mandou os marinheiros içarem as velas do barco e, aproveitando-se de um vento favorável, fugiu da guerra atravessando o bloqueio das forças de Otávio. Marco Antônio, que comandava outro barco, pulou para uma embarcação mais leve e juntou-se ao quinquereme (veja box) da companheira.

O que os historiadores contemporâneos contestam são os motivos pelos quais eles fizeram o que fizeram e a responsabilidade de cada um no episódio.

Argumentos técnicos contradizem a versão de Cássio de que a fuga de Cleópatra foi repentina e inesperada, um piti de madame. Segundo os defensores dessa teoria, atribuir os acontecimentos no Ácio a uma crise de TPM não faz sentido, porque seria ignorar a história pessoal dos comandantes.

O relato do historiador Cássio mostra uma Cleópatra frívola e histérica, que não suportou as tensões de uma guerra e fugiu, e trata Marco Antônio como um homem manipulado pela mulher. Seria isso mesmo? Duvidoso. A descrição do autor ignora a competência com que Cleópatra governou o Egito e a experiência de Marco Antônio como comandante militar nas conquistas romanas. Mesmo admitindo que os dois tenham perdido a inteligência por causa da paixão, é difícil acreditar que fugiriam de forma covarde no meio de uma batalha.

A análise dos movimentos navais do dia indica que o casal planejou a manobra de escape em minúcias e com antecedência. Vários detalhes sustentam essa versão. Na época, os navegadores já conheciam a direção dos ventos. Portanto, era improvável que um vento tivesse soprado "de repente" e beneficiado Cleópatra. É razoável supor que Marco Antônio e seus oficiais tivessem conhecimento das condições climáticas da região e da frequência dos ventos.

Para corroborar essa tese, os estudiosos lembram que as tropas de Marco Antônio tinham passado meses ancoradas no Ácio. Nesse tempo, prepararam-se para a batalha, estudaram o lugar e traçaram as estratégicas navais de combate. Portanto, os marinheiros e comandantes militares conheciam bem a região e os ventos muito antes de a guerra explodir.

Também parece sorte demais que Cleópatra estivesse a bordo de uma embarcação equipada ao mesmo tempo com remos e velas. Barcos de guerra costumavam ter apenas remos para evitar sobrepeso. Por isso, o mais provável é que o barco de Cleópatra tenha sido preparado com os dois sistemas de navegação para permitir aquele tipo de manobra escapatória.

Levando em conta esses elementos, acredita-se que Marco Antônio e seus oficiais sabiam o que faziam. Cleópatra teria içado as velas no exato momento em que o mar Jônico apresentava as melhores condições climáticas para aquela operação, tanto que o resultado foi um sucesso. Os barcos da rainha e de Marco Antônio escaparam sem um arranhão no casco. As embarcações de Otávio chegaram a perseguir os fugitivos, mas só alcançaram dois deles, e desistiram no meio da empreitada.

Resolvida essa questão, o problema é entender as razões pelas quais Marco Antônio e Cleópatra e seus comandantes militares colocaram aquela operação em andamento. Por que um general veterano das guerras romanas ao lado de Júlio César abandonaria seus homens em plena batalha naval? Por que ele não voltou para liderar e inspirá-los durante a batalha? Teria agido por paixão, para proteger Cleópatra? Ou por interesse político, para manter o poder sobre Roma a partir do Egito? Ele teria algum outro plano futuro para preservar o poder? Afinal, o que se passava na cabeça de Marco Antônio naquele momento?

Essas são as perguntas sem respostas até hoje. Ninguém sabe quais eram, de verdade, os objetivos e motivações de Marco Antônio e Cleópatra. O que os estudiosos militares e historiadores fazem é interpretar os reais interesses dos dois e imaginar suas razões a partir da análise

da movimentação da sua esquadra e de seus soldados. Dentro dessa perspectiva, acredita-se que, ao fugirem da batalha no mar, o casal esperava ser seguido pelo resto da esquadra.

De fato, pelo menos 60 barcos conseguiram escapar da luta e acompanhá-los de volta a Alexandria. Os demais ficaram para trás. Muitas embarcações já não tinham espaço para manobras no mar, estavam sob ataque ou próximas demais dos adversários. Algumas ainda demoraram para se livrar do material excedente e das torres de guerra, plantadas nos decks para funcionar como base de lançamento de pedras e tochas, e foram atacadas pelos adversários.

Outra teoria em estudo garante que a fuga só aconteceu porque Marco Antônio tinha dado a batalha por perdida. A fuga seria o último recurso de sobrevivência – e ele a usou quando necessário. Analistas de batalhas navais explicam que ele posicionou as embarcações mais pesadas da esquadra na linha de frente para atacar o inimigo com força máxima. O problema é que os inimigos, comandados pelo general Marcos Agrippa, um homem experiente e maduro, responderam com embarcações leves e rápidas, escapando do adversário.

Com isso, a tropa de Otávio aproximou-se com mais facilidade dos barcos de Marco Antônio a ponto de desembarcar seus homens nos con-

A Batalha do Ácio seria interpretada mais tarde como um conflito maior que simplesmente uma luta entre Otávio e Marco Antônio. Teria sido um enfrentamento "da superioridade" romana contra o "decadente e exótico" Egito. [*Batalha do Ácio* (1672), por Lorenzo A. Castro]

veses inimigos. Na época, os barcos eram equipados com uma espécie de ponte pênsil para permitir a passagem de passageiros de um para outro. Nos conveses, os marinheiros lutavam como soldados do exército, sentiam-se em terra firme, enfrentando os inimigos no braço, com espadas e machados.

A manobra de escape, segundo essa versão, fazia parte da estratégia preliminar dos comandantes da esquadra egípcia, mas deveria ser usada apenas em caso de derrota iminente. Marco Antônio deve ter concluído que já tinha perdido a guerra e usou-a. A manobra tinha vantagens. Escapando, os dois comandantes privariam Otávio da confirmação da vitória e da possibilidade de apropriar-se da fortuna do Egito de forma imediata. Era sabido que Otávio precisava de dinheiro e terras para pagar os soldados.

Quando a rainha do Egito mandou içar as velas do barco e bateu em retirada, os oficiais de Marco Antônio já davam a guerra por perdida. Os comandantes teriam decidido garantir a sobrevivência pela fuga na esperança de se agruparem mais tarde e retomarem a disputa contra Otávio. Essa hipótese não melhora muito a imagem de Marco Antônio,

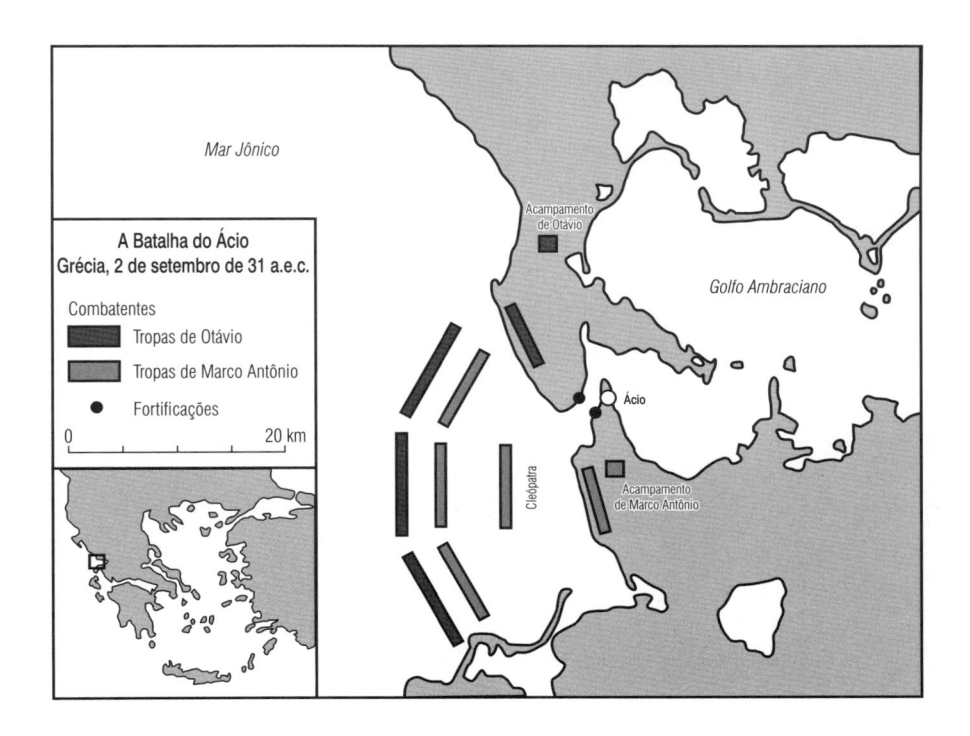

mas, pelo menos, dá a ele o benefício de ser visto como um comandante que cometeu um erro tático, não como um desertor sem caráter ou ética.

Há quem diga ainda que a estratégia de guerra de Marco Antônio estava equivocada desde o início. Ele optou por posições militares defensivas, como forma de garantir a segurança do Egito. O general avançou pela Grécia, mantendo as rotas de transporte de mantimentos e roupas e esperou os movimentos das forças de Otávio, que vinha pela Itália. As forças de Marco Antônio e Cleópatra acabaram encurraladas no Ácio e não tinham alternativa além de tentar escapar com o maior número possível de barcos e marinheiros.

Seja qual for a verdade sobre os acontecimentos no Ácio, o fato é que Marco Antônio saiu dele não apenas derrotado, mas também humilhado e desacreditado. Mesmo os mais entusiasmados analistas militares acreditam que há fatores incompreensíveis no comportamento dele e na estratégica de combate. A própria opção de uma guerra por mar parece irracional. Marco Antônio era um soldado do exército, experiente em batalha no chão. Quem tinha mais experiência em navegação era a tropa de Cleópatra. A opção pela batalha naval teria sido dela.

O fim da guerra, de qualquer forma, foi melancólico para a esquadra de Marco Antônio. No cair da noite daquele 2 de setembro, os marinheiros renderam-se aos comandantes dos navios de Otávio. No dia seguinte pela manhã, o confronto estava terminado. Os remanescentes das forças de Marco Antônio e Cleópatra ainda levaram uma semana para negociar os termos da rendição. Cássio descreveu assim os últimos momentos daquela batalha nas águas do mar Jônico:

> [...] quando o fogo começou a destruir os barcos e os homens, longe de serem capazes de infligir qualquer mal aos adversários, os soldados de Marco Antônio sequer podiam salvar-se a si mesmos. A tropa de Otávio ainda içou velas na direção daqueles barcos com a esperança de ficar com o dinheiro do adversário, tentando debelar o fogo que eles mesmos haviam causado. Consequentemente, muitos desses homens também se tornaram vítimas das chamas e de sua própria ambição.

O PAPEL DE CLEÓPATRA

Nessa História da guerra de vida ou morte entre Marco Antônio e Otávio, o Egito parece mero coadjuvante e Cleópatra, bode expiatório de Roma. Não foi bem assim. Sob o comando de Cleópatra, o Egito foi um parceiro político, econômico e militar estratégico de Marco Antônio.

Havia romance entre os dois, como atesta a existência de filhos do casal, mas os amantes também dividiam interesses políticos. Vejamos os acontecimentos daqueles anos que antecederam a Batalha do Ácio sob o ponto de vista de Cleópatra.

Durante seu governo, ela construiu um país economicamente poderoso, graças a técnicas inovadoras de irrigação das terras às margens do rio Nilo. Quase metade de todos os grãos consumidos por Roma saía do Egito. Como não houve grandes enchentes entre os anos de 40 e 30, a economia egípcia floresceu, fortalecendo o poder político de Cleópatra. Assim, como dizem alguns historiadores, o Egito consolidou-se como a "joia da coroa" do Império Romano.

O sucesso econômico não parecia dar segurança ao trono de Cleópatra. A rainha queria a certeza de que detinha o poder sobre o seu país e que ele não lhe seria tomado. Para entender o sentimento de insegurança de Cleópatra, é preciso lembrar que o Egito era parte do Estado romano e que os ptolomeus só o administravam porque os romanos permitiam. Mas essas razões explicam as relações de Cleópatra com Roma, não com Marco Antônio. Que outros motivos, além daqueles do coração, teriam levado Cleópatra a se definir politicamente por Marco Antônio?

Uma consulta histórica revela que, no fundo, Cleópatra não tinha outra opção. Logo depois da morte de Júlio César, ela tentou ficar em cima do muro, mantendo distância dos grupos que disputavam o governo. Roma estava à beira de uma guerra civil e qualquer um dos lados poderia sair vencedor. Num primeiro momento, discretamente, sem colocar todo o peso do Egito na jogada, Cleópatra aliou-se aos republicanos Cassius e Brutus, assassinos de Júlio César. Os dois senadores montaram um

exército e pretendiam tomar o poder. Quando o Segundo Triunvirato se formalizou, deixando claro que Antônio e Otávio haviam chegado a um entendimento político, a situação mudou. Apoiar Cassius e Brutus equivalia a ficar contra os que agora davam as cartas em Roma. Cleópatra recuou.

A rainha do Egito raciocinava como os antepassados. Até aquele momento, os ptolomeus haviam sobrevivido às disputas romanas por terem se associado à pessoa certa na hora certa. Dessa vez, ela usou a regra da exclusão. Sabia que não podia confiar em Otávio porque ela tinha um filho, Cesário, que poderia disputar com ele o direito de ser herdeiro de Roma, por ser filho de Júlio César. Otávio nunca toleraria a existência dessa ameaça à sua posição.

Portanto, aliar-se a Otávio contra Marco Antônio parecia uma decisão arriscada e incerta – provavelmente inviável. Sobrava o próprio Marco Antônio. Quando ele a chamou para esclarecer rumores de que apoiava os assassinos de Júlio César, no primeiro encontro oficial de ambos, em Tarso, ela desconversou, seduziu-o e prometeu aliar-se a ele dali para frente.

Nesse encontro, que vimos em detalhes no capítulo "Os romances", Cleópatra e Marco Antônio selaram com romance o acordo político que os manteria juntos até a morte. A participação do Egito na Batalha do

Ácio foi desdobramento natural dessa união política. Além disso, não se pode afastar a ideia de que ambos pensassem mesmo em construir o próprio império a partir do Egito.

Marco Antônio e Cleópatra faziam sentido juntos; eram muito parecidos. Ambiciosos, tinham grandes sonhos para o futuro. Marco Antônio sonhava em se equiparar a Alexandre, o Grande, em conquistas territoriais e ousadia militar. A conquista da Párcia era parte dessa estratégia. Se tivesse sucesso, Marco Antônio se firmaria como o primeiro homem do Segundo Triunvirato. Ele bem que tentou, mas não conseguiu. Cleópatra sonhava recuperar o prestígio do Império Egípcio de quase 300 anos antes, o Egito dos primeiros ptolomeus. Além disso, não queria mais se subordinar às ordens de Roma. A aliança com Marco Antônio a colocaria na condição de soberana – seria esposa e rainha.

Por isso, quando a Batalha do Ácio tornou-se realidade, Cleópatra participou de tudo, da preparação à batalha no mar, com o coração, barcos e homens. Ela própria comandava a esquadra egípcia de 60 barcos, o que desagradou oficiais militares de Marco Antônio. Não havia outro modo. Os homens de Cleópatra não se sujeitariam às ordens de outra pessoa, mesmo que essa pessoa fosse Marco Antônio. Se ele queria as tropas do Egito – e ele queria – teria de ser sob o comando de Cleópatra.

Os acontecimentos no mar Jônico, com a derrota das tropas de Cleópatra e Marco Antônio, significaram o fim dos sonhos de grandeza da rainha do Egito e do comandante romano. Pelo tamanho das mudanças causadas nos rumos da humanidade, o episódio é considerado os dos maiores e mais intrigantes "e se?" da história. E se Marco Antônio e Cleópatra tivessem vencido Otávio no Ácio? Talvez o mundo nunca tivesse assistido ao surgimento do Império; talvez a República tivesse resistido mais alguns anos, talvez o casal tivesse criado um novo império. E se Marco Antônio tivesse se tornado o primeiro imperador? E se... bem, de que adianta? A realidade é que Marco Antônio saiu derrotado do confronto.

O CONFRONTO COM OTÁVIO

Depois de três dias de viagem a partir do Ácio, Cleópatra e Marco Antônio aportaram na Grécia. Foram dias difíceis, porque o general estava arrasado. Os dois mal se falaram. De lá, ela seguiu viagem para Alexandria, ansiosa para se reorganizar após a vitória de Otávio. O quadro político agora era totalmente desfavorável ao Egito. Antônio ficou para trás na esperança de conseguir apoio de antigos aliados para formar novo exército e enfrentar Otávio em outra oportunidade.

Cleópatra chegou ao Egito fazendo pose de vitoriosa – ela esperava que as notícias do desastre militar do Ácio ainda não tivessem chegado a Alexandria. Sua esquadra tinha as velas de cor púrpura içadas ao vento e deslizava pelas águas do mar embaladas por músicas de vitória.

A rainha enganou os conterrâneos por algum tempo, enquanto tratava de reunir sua fortuna para enfrentar o futuro incerto. Ela se dividia entre o palácio real, sede do governo, e o mausoléu mandado construir ao lado do templo dedicado a Ísis. Lá, uma fortaleza subterrânea, estavam guardados os tesouros egípcios, além de muito material inflamável.

Nesse primeiro momento, a rainha teria mandado matar famílias proeminentes da corte alexandrina para confiscar seus bens, versão bastante duvidosa por falta de comprovação. Ela certamente estava desesperada, porque tinha exata noção das dificuldades que enfrentaria. Sabia que Otávio viria, mais cedo ou mais tarde, para reclamar a conquista do Egito, porque precisava de dinheiro para pagar os soldados. Entretanto, matar os súditos não era uma boa maneira de angariar apoio em momento de aperto.

O que Cleópatra mais temia era ser levada como prisioneira para Roma. Otávio não deixaria passar a oportunidade de exibi-la em desfile pelas ruas da cidade, possivelmente acorrentada e maltrapilha, como troféu de vitória e triunfo. "Eu nunca me submeteria a essa humilhação", teria dito ela, numa das poucas frases em primeira pessoa conhecidas. Cleópatra tinha visto cenas de execração pública várias vezes antes e até patrocinara algumas ao lado de Marco Antônio. Sabia o que significavam. Preferível morrer. Nessa fase, quando passou a considerar o suicídio como alternativa, começou a testar vários tipos de veneno, como ficamos sabendo por meio de Plutarco.

Antes de admitir a derrota total, Cleópatra ainda encontrou fôlego para lutar pela sobrevivência. Primeiro, tratou de garantir a segurança de Cesário – afinal, tratava-se do herdeiro de Júlio César e de Roma. Ela o mandou para a Índia por uma tortuosa rota de fuga através do mar Vermelho para escapar dos homens de Otávio. O menino estava acompanhado por um tutor, supostamente de confiança. As outras três crianças permaneceram com ela no palácio real. Ao mesmo tempo, construía estratégias para negociar com Otávio os termos de uma rendição. Cleópatra ensaiava renunciar ao trono e à fortuna, mas queria ver o filho Cesário no seu lugar, mantendo a dinastia ptolomaica no poder.

Antônio era um entrave aos seus planos. Ele chegou a Alexandria ainda mais arrasado. Não conseguira ajuda de antigos aliados, como esperava. Eles o haviam abandonado, tornando-se aliados de Otávio. Nem de longe lembrava o bravo soldado de antigamente e considerava seriamente o suicídio para escapar da desonra. Como Cleópatra, ele ainda tentou negociar algum tipo de acordo com Otávio pelo qual pudesse continuar vivo – talvez o exílio em alguma província perdida no Estado romano.

Os termos das negociações entre os dois amantes ou de cada um separadamente com Otávio são contraditórios. Um dos relatos dá conta de que Otávio prometeu preservar a vida de Cleópatra se ela matasse Marco Antônio. Otávio não queria – ele próprio – matar um colega romano. Outra versão diz que o próprio Marco Antônio ofereceu-se para matar Cleópatra, já que ela era o alvo do rancor e ódio do povo romano. Não se sabe se as duas propostas são verdadeiras, mas, mesmo sendo falsas, elas confirmam o clima de desconfiança entre Cleópatra e Marco Antônio depois do fracasso na guerra.

No início do ano 30, sem perspectiva de acordo e entendimento com os dois, Otávio iniciou sua jornada em direção ao Egito para resolver o impasse pela força. Ele havia negado os pedidos de perdão e misericórdia feito pelo casal de amantes, embora tenha confiscado os presentes em ouro enviados por Cleópatra. Otávio não precisava ceder aos apelos dos derrotados. Bastava tomar o que considerava seu por direito.

Marco Antônio ainda tentou resistir à entrada de Otávio em Alexandria. Era 1 de agosto de 30. O general havia conseguido reunir tropas de soldados e marinheiros leais ao seu comando e as havia posicionado na costa. Os barcos avançaram pelo mar até passar o farol de Pharos. A partir daí, para surpresa de Antônio, os marinheiros renderam-se às forças de Otávio, que chegavam em sentido contrário. Os dois lados chegaram a se confraternizar no mar. A cavalaria, que ficara no continente, também se rendeu. Marco Antônio perdera a última jogada.

Ele voltou ao palácio real e foi alcançado por uma mensagem segundo a qual Cleópatra havia se suicidado. Os relatos clássicos não contam esse episódio direito. Não se sabe de onde veio a mensagem. Há quem diga que a própria Cleópatra a enviou para despertar no ex-amante a ideia de suicídio. Aparentemente, sem Marco Antônio do lado, Cleópatra teria mais chances de se entender com Otávio. Essa versão mostra uma rainha pérfida e mesquinha. Mas há outra interpretação segundo a qual a notícia da morte de Cleópatra era apenas um rumor.

Seja como for, a manobra deu certo. Marco Antônio chamou ao palácio o seu ajudante mais próximo, Eros, e pediu que o matasse com a espada. Eros retirou a arma da bainha e fez menção de usá-la contra Antônio. Então, curvou-se e desferiu um golpe contra si mesmo. Morreu na frente de Antônio. "Você me mostrou o que devo fazer", disse o general em voz alta. Marco Antônio pegou a mesma espada e curvou-se sobre ela. A arma penetrou no abdome. Outros escravos chegaram correndo e o ampararam. Apesar de muito ferido e sangrando, vivia. Eles o avisaram que Cleópatra também estava viva. Antônio pediu que o levassem até ela.

A rainha do Egito estava no mausoléu. Quando os homens chegaram com Marco Antônio, ela se recusou a abrir a porta, porque temia ser presa. Antônio foi então içado por cordas até uma janela do prédio. Cleópatra e as duas camareiras puxaram Antônio para cima enquanto

Na gravura (ca.1873) de David Henry Friston, Cleópatra
está desesperada com a morte de Marco Antônio.

uma multidão do lado de fora acompanhava o movimento. Segundo Plutarco, foi um grande momento de humilhação para Antônio. Cleópatra e as ajudantes esforçavam-se para erguer aquele corpo coberto de sangue e suor enquanto a multidão gritava palavras de encorajamento.

Amparado por Cleópatra, Marco Antônio mal conseguia respirar. Ele pediu à amante que se acalmasse e disse que gostaria de um cálice

de vinho. Marco Antônio ainda deu alguns conselhos a Cleópatra sobre como conduzir as negociações políticas com Roma. Depois, com dificuldades para respirar, pediu que se lembrasse dele como era no passado, um homem vitorioso e nobre e, acima de tudo, feliz, porque, afinal, tinha alcançado tudo na vida. Morreu nos braços de Cleópatra.

O dramaturgo Shakespeare descreveu assim os últimos momentos do encontro dos dois na cena xv, ato IV, da peça *Antônio e Cleópatra*:

> Nobre entre os nobres, morre?
> Nem pensa em mim, que tenho de ficar
> No insosso mundo que, com a sua ausência,
> Não é mais que um chiqueiro? Vejam, aias:
> A coroa do mundo se desfaz. (Antônio morre)
> Meu senhor?
> A guirlanda da guerra feneceu!
> Foi-se a medida do soldado. O nível
> Agora é o mesmo pra menino e homem.
> Foi-se a disparidade; e não restou
> Mais nada que devesse ser notado
> Sob a lua que nos vista. (Desmaia)

Com Antônio morto, Cleópatra conseguiu autorização de Otávio para enterrá-lo no Egito, como ele havia pedido em testamento. Não há detalhes sobre como se deu o funeral e onde. Sabe-se apenas que recebeu honras militares. Sozinha e sem apoio político, Cleópatra entrou num momento de desespero profundo e fez a primeira tentativa de se matar. A rainha esfaqueou-se várias vezes no abdome, mas foi socorrida pelas camareiras. Nos dias seguintes, iniciou uma greve de fome.

Hospedado no Palácio Real de Alexandria, onde desfrutava da posição de novo mandatário, Otávio temia que, ao se suicidar, Cleópatra ateasse fogo ao mausoléu e destruísse sua fortuna pessoal. Ao saber que a rainha tentara se matar, enviou um mensageiro. Ele conseguiu se infiltrar no mausoléu e falar com Cleópatra. Na mensagem enviada, Otávio lembrou à rainha que os filhos dela continuavam vivos e ficariam sem proteção se a mãe morresse. Cleópatra pediu um encontro com Otávio.

Os dois se encontraram pela primeira vez depois da Batalha do Ácio no dia 10 de agosto de 30. Segundo Plutarco, Otávio a encontrou em estado lastimável, com as roupas e os cabelos desgrenhados, olhos fundos, voz suplicante e vários ferimentos. Ela se atirou aos pés de Otávio e jogou a culpa de todos os problemas entre eles sobre Antônio. A rainha apresentou uma lista de seus bens, ofereceu-os a Otávio e prometeu renunciar ao cargo de rainha se o governo do Egito fosse passado aos filhos. Otávio desconfiou da lista (muitos itens teriam sido omitidos) e negou o pedido de Cleópatra.

Cássio Dio conta-nos outra história – e você, leitor, terá de decidir em qual Cleópatra acreditar. Segundo Cássio, Otávio encontrou-a linda e perfumada naquela ocasião. O autor insinua que a rainha tentou seduzir Otávio da mesma maneira como havia feito no passado com Júlio César. Otávio, como nobre que era na versão do autor, recusou a oferta, mas saiu tranquilo porque Cleópatra não lhe parecia à beira do suicídio. O objetivo de Cleópatra com essa encenação teria sido exatamente tranquilizar Otávio enquanto planejava o suicídio.

O encontro com Otávio foi determinante para o desfecho da história. Cleópatra ouviu dos guardas que Otávio pretendia levá-la para Roma em três dias. Ao saber disso, pôs em ação a última estratégia disponível para o suicídio, a picada de serpente. É pouco provável que a cena do filme de 1963, na qual Elizabeth Taylor aparece linda e saudável com um cesto de figos e serpente no colo, seja verdadeira. Depois de vários dias de clausura e ferida, Cleópatra deveria estar magra, feia e suja. A morte da rainha não deve ter tido o glamur de Hollywood, embora possa ter se passado da maneira mostrada no filme. Mas essa é uma história que você já conhece do primeiro capítulo.

No dia 29 de agosto de 31, Otávio entrou em Roma numa daquelas marchas triunfais da época, acompanhado pelos três filhos de Cleópatra e Marco Antônio: Alexandre Hélio, Cleópatra Selene e Ptolomeu –

os troféus possíveis depois da morte de Cleópatra. Cesário, o filho mais velho, resultado do relacionamento com Júlio César, estava morto. O tutor que o acompanhava traiu a rainha do Egito e fez chegar a Otávio a informação sobre a fuga e o paradeiro de ambos. Otávio mandou seus homens matarem Cesário, para se livrar de vez de um possível herdeiro romano.

Ao retratar Cleópatra humilhada, implorando diante de Otávio, Guercino (Giovanni Barbieri, 1590-1666) reproduz a versão de Plutarco para o encontro da rainha com o líder romano. A cena é muito mais comovente que a descrita por Cássio Dio, em que, mais uma vez, Cleópatra é uma sedutora sem escrúpulos.

Ao morrer, Cleópatra parece ter encontrado a paz, segundo o pintor francês Jean-André Rixens [*A morte de Cleópatra* (1874)].

Os filhos de Cleópatra foram entregues aos cuidados de Otávia, viúva de Marco Antônio. Ptolomeu e Alexandre simplesmente desaparecem dos registros da História. Cleópatra Selene, casou-se com o príncipe Juba II, representante de outra pequena dinastia anexada por Roma. Poupados da morte, tornaram-se bem-sucedidos regentes da Mauritânia. O casal teve um filho chamado Ptolomeu. Ele assumiu o lugar do pai em 23 e.c.

EPÍLOGO

A CONSTRUÇÃO DO MITO

Imaginem Júlio César, Marco Antônio e Cleópatra vivendo sua história de amor no Rio de Janeiro. O cineasta brasileiro Julio Bressane imaginou. Em 2007, ele lançou o filme *Cleópatra*, ambientado no Forte de Copacabana, no Rio, fazendo do litoral carioca o litoral de Alexandria (onde viveram de fato os protagonistas da história). O trabalho ganhou o prêmio de melhor filme do Festival de Cinema de Brasília daquele ano. A Cleópatra brasileira é representada pela atriz Alessandra Negrini. Miguel Falabella é Julio César e Bruno Garcia, Marco Antônio.

Cleópatra não só é universal como também é, hoje, uma celebridade. Até as crianças a conhecem, em grande parte graças aos seus encontros com os impagáveis Asterix e Obelix, personagens de Goscinny e Uderzo, em quadrinhos e desenhos animados.

Como se vê, Cleópatra é universal. O filme brasileiríssimo de Bressane está aí, nas locadoras, para provar. No jargão contemporâneo, a última rainha do Egito é uma celebridade. Mais de dois mil anos depois de sua morte, ainda se fala, se escreve e se discute sobre ela. Nem as novas gerações, nascidas sob a influência do conhecimento digital, estão imunes ao seu charme. Há incontável número de endereços eletrônicos dedicados ao Egito e à sua rainha mais famosa. Como explicar esse fenômeno?

A rigor, a vida de Cleópatra deveria ter sido enterrada pela História. Guerreiros costumam ser lembrados pelas vitórias. Aos derrotados, as batatas – não é o que se diz por aí? Pois Cleópatra arriscou tudo o que tinha, impôs o tipo de batalha militar mais conveniente aos seus interesses e fracassou. Perdeu a guerra, o amante e o poder. A esquadra de Roma venceu a do Egito e a rainha voltou para casa sem nada.

Nem o seu suicídio merece destaque, a não ser pelo inusitado de ter sido causado por picada de cobra. Cleópatra matou-se por falta de alternativa. Era morrer ou ser humilhada em público em Roma. Antes do fim, ainda tentou uma reconciliação política com Otávio em busca de um acordo para transferir o reino aos descendentes e familiares. Não parece um perfil muito nobre de rainha. Rainhas costumam ser imaginadas como corajosas e firmes na hora da morte.

Sua vida amorosa também não a recomenda como heroína. Ao contrário das princesas dos contos de fadas, Cleópatra não se casou com o herói no final da história nem foi feliz para sempre. Aliás, nada a compara às princesinhas dos contos de fada, igualmente populares no Ocidente. Os dois homens com os quais se relacionou eram casados quando ela os conheceu. Não houve príncipes encantados na sua vida. Pior ainda: Cleópatra teve filhos com os dois amantes. Ao contrário das princesinhas assexuadas e virginais, ficou claro que Cleópatra era uma mulher sensual e sexual.

Cleópatra também não tinha qualidades pessoais excepcionais. Ela não conquistou o poder por esforço próprio. O trono caiu-lhe no colo por herança. Não há um só ato de bravura ou grandeza moral em sua trajetória como rainha do Egito. Durante todo o tempo em que ocupou o trono, ela lutou pelo poder, pelo dinheiro, pela manutenção e sobrevivência da própria dinastia. Sua batalha para preservar a independência do Egito servia a interesses próprios. A existência do país como nação garantia o reino aos seus filhos. Joana D'Arc, para mencionar outra guerreira popular, ao contrário, era motivada por razões maiores, religiosas, nobres.

Com uma história assim, quem haveria de dizer que ela seria um mito no século XXI? É provável que tenha se tornado tão popular justamente por fugir do modelo tradicional de rainha bondosa, submissa e

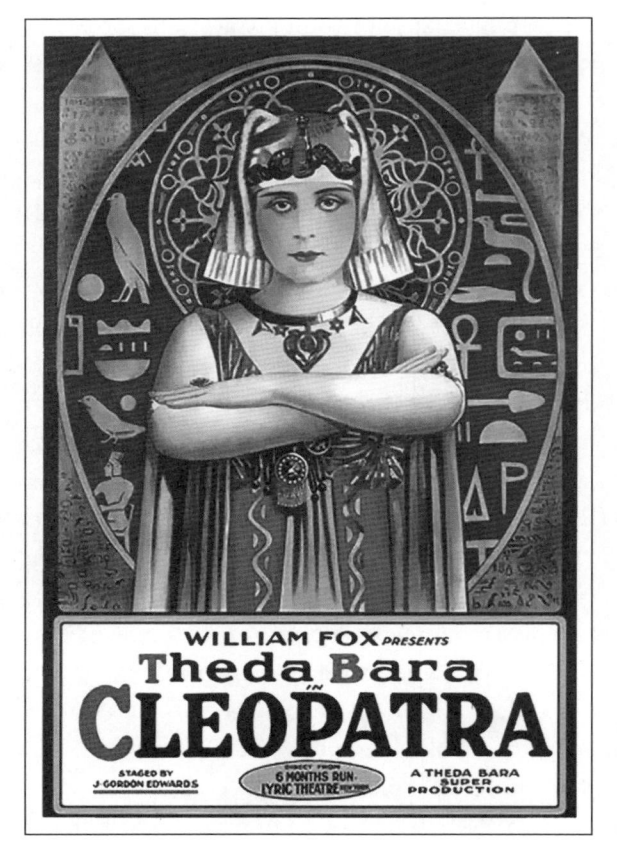

O ingrediente da sedução é inseparável do mito de Cleópatra. [cartaz do filme *Cleópatra* (1917), protagonizado pela diva sensual da época, Theda Bara]

Olhar implacável, pose sexy e vestes ousadas, assim era a Cleópatra em Hollywood antes da censura moral que sufocaria o cinema americano nos anos 1930. [Theda Bara como Cleópatra e Fritz Leiber como Júlio César, em filme de 1917].

assexuada. Se tivesse sido como as seis Cleópatras anteriores, sem charme e sem sensualidade, teria sido eclipsada pela derrota. A nossa Cleópatra, a de número VII, não. Era má, ambiciosa, lutava com todas as armas para manter o poder, soube seduzir e conquistar os homens para chegar onde queria. Ironicamente, as razões pelas quais foi tão criticada fizeram-na tão interessante e atraente e a transformaram em mito.

O cinema contribuiu de forma decisiva para consolidar e popularizar a história de Cleópatra. A primeira versão da rainha para o cinema data de 1912, ainda na era dos filmes mudos. Foi estrelado e dirigido por Helen Gardner, uma pioneira do cinema americano. Gardner tinha sua própria companhia cinematográfica. Seu *Cleópatra* é o primeiro longa-metragem do cinema e foi apresentado com muito sucesso por vários anos nos Estados Unidos, Inglaterra e Rússia. Por conta de seus filmes supostamente ousados, Helen Gardner é considerada a primeira *vamp* do cinema. Por aí já se vê que a Cleópatra de Helen Gardner seguia o estereótipo da mulher sedutora.

Em 1917, veio outro *Cleópatra*. Uma das divas das telas era a atriz americana Theda Bara. Ela arrebatava as plateias na pele de mulheres sensuais, com olhos pintados de preto, decotes profundos e pernas à mostra. Cleópatra servia com perfeição ao seu perfil. O filme de 1917, que se chamou justamente *Cleópatra*, era dirigido por J. Gordon Edwards e explorava os aspectos sexuais e amorosos do romance de Cleópatra e Marco Antônio.

A *Cleópatra* de J. Gordon Edwards foi uma das produções mais caras e elaboradas do começo do século XX. Acredita-se que tenham sido gastos 500 mil dólares na construção do set de filmagens e na contratação de duas mil pessoas para trabalhar nas gravações. O figurino de Cleópatra é particularmente esplendoroso e destinado a revelar as formas curvilíneas da atriz. O filme abusava de cenas eróticas, como era comum na época.

Em algumas cenas de *Cleópatra*, Theda Bara veste uma blusa que esconde apenas parte dos seios, num traje muito parecido com as fantasias das passistas do carnaval carioca. A liberdade dos cineastas da época durou pouco. Nos anos 1930, Hollywood implantou o Código Hays, um conjunto de

Theda Bara como Cleópatra (1917).

normas morais e éticas que deixaria os filmes assexuados e assépticos. Por conta da patrulha moral, não existem mais cópias da *Cleópatra* de 1917 – foram todas queimadas. Restaram fotos do set de filmagem e de Theda Bara.

Em 1934, outra Cleópatra pintou nas telonas, já na era do cinema falado. A *Cleópatra* de Cecil B. DeMille era interpretada por Claudette Coubert, outra diva de corpo sensual. Como em 1912 e 1917, a rainha do Egito é uma mulher bela e sedutora, manipuladora e ambiciosa. A cena final de suicídio é considerada memorável. No filme de Cecil B. DeMille, Cleópatra recebe um cesto de figos e dele retira uma longa cobra – de verdade, veja bem – e a coloca sobre os seios para receber a picada fatal.

Claudette Coubert como Cleópatra (1934).

A britânica Vivien Leigh, famosa por *E o vento levou...* e *Um bonde chamado Desejo*, também viveu uma Cleópatra, a de 1945, escrita por Bernard Shaw. O filme chamou-se *César e Cleópatra*, mas teve tantos problemas, desde a saúde frágil da atriz, que sofreu um aborto durante as filmagens, e até os altos custos da produção no final da Segunda Guerra, que ninguém se lembra muito bem dele. Vivien fazia uma Cleópatra de 16 anos de idade que conquistava com sua beleza o já maduro comandante romano.

Vivien Leigh como Cleópatra (1945).

Elizabeth Taylor despontou como Cleópatra em 1963 no filme de Joseph L. Mankiewic. Trata-se de um símbolo da habilidade de Hollywood em criar épicos e histórias monumentais. Cenários grandiosos, guarda-roupa primoroso e técnica apurada fizeram desse *Cleópatra* um dos filmes mais populares da história do cinema. Já foi ultrapassado em técnica e magnitude, mas permanece como referência. Desde 1963, Elizabeth Taylor, de alguma forma, personifica a imagem popular de Cleópatra. Pensou em Cleópatra? É o rosto de Elizabeth Taylor que nos vem à cabeça.

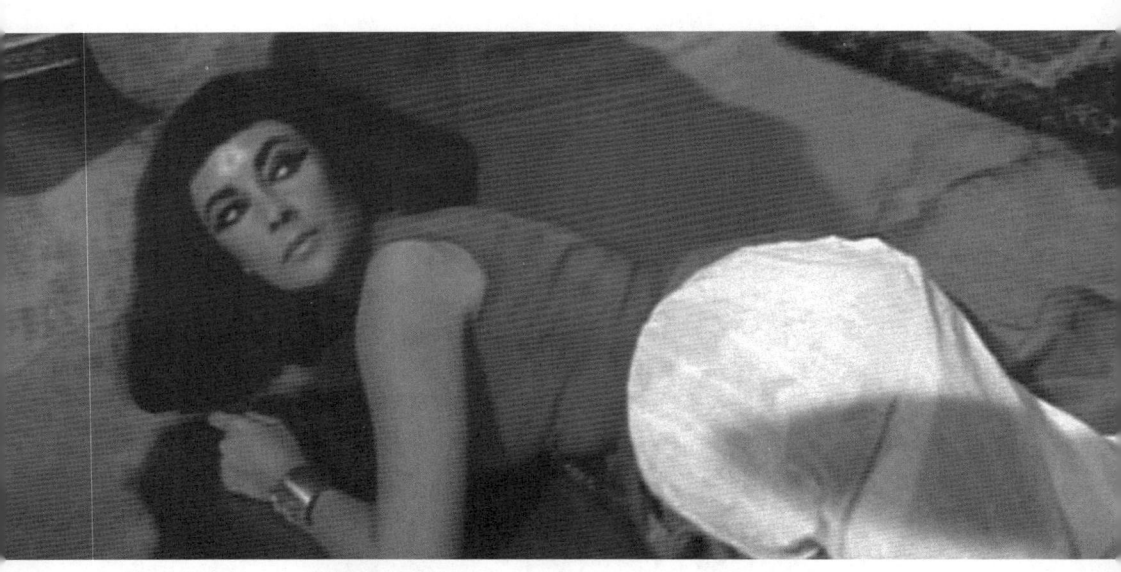

Elizabeth Taylor como Cleópatra (1963).

As versões cinematográficas de Cleópatra seguem a mesma abordagem dada à história dos amantes da Antiguidade pelo dramaturgo inglês William Shakespeare. Em 1607, ele escreveu a peça *Antônio e Cleópatra*, uma tragédia romântica semelhante à *Romeu e Julieta*. Os amantes, agora um casal maduro e ardorosamente apaixonado, estão enredados numa trama de traições, mentiras e artimanhas políticas em Roma e no Egito

Antigo. Como uma boa tragédia shakeasperiana, os dois são derrotados e suicidam-se no final. A Cleópatra criada por Shakespeare já era poderosa, sensual e dominadora.

E todos eles inspiraram-se nos escritos do historiador grego Plutarco. Nada mais natural para preservar a imagem de Marco Antônio na época do que responsabilizar Cleópatra pelo seu fracasso. Em Shakespeare, como em Plutarco, Marco Antônio continua sendo um bravo guerreiro que se deixou influenciar e dominar por Cleópatra. Para demonstrar tal poder, um dos personagens de *Antônio e Cleópatra* chega a dizer que ela o enfeitiçou a ponto de fazê-lo esquecer-se de que era romano. Assim, sob o domínio dos encantos mágicos de Cleópatra, não foi ele quem fracassou − Cleópatra o levou ao fracasso e à morte.

É curioso notar as contradições dessa versão. Cleópatra aparece como uma mulher forte, sensual e atraente, capaz de atrair e manipular os homens de acordo com seus interesses. É admirada e invejada, mas rejeitada. Cleópatra é má. Não tem a delicadeza nem a bondade nem a doçura esperadas das mulheres. Marco Antônio, ao contrário, aparece como um fraco, especialmente no filme-referência de 1963. Richard Burton, marido de Liz na vida real na época e intérprete do general romano, faz um homem frágil, inseguro e transtornado com a derrota. Júlio César, 20 anos mais velho do que ela, sai-se um pouco melhor, porque parece mais um pai do que um amante.

Há uma inversão nos papéis femininos e masculinos nessa abordagem. Cleópatra possuía atributos admirados em homens e, Marco Antônio, certa delicadeza feminina. Mesmo assim, os diretores e autores que os reproduziram perdoaram Antônio e condenaram Cleópatra. Compadeceram-se de Antônio ao preservar sua imagem de bravo general, embora dominado pela mulher, enquanto capricharam nas tintas de fêmea devoradora ao retratar Cleópatra. Haveria nesse comportamento uma certa necessidade de punição da rainha pela ousadia das atitudes?

Shakespeare escreveu *Antônio e Cleópatra* na Inglaterra pós-Elizabeth I (1558-1603), quando as mulheres começavam a respirar brisas ligeiramente libertárias. Já podiam deixar as casas, ir ao teatro e frequentar lugares públicos, embora ainda estivessem destinadas ao lar-doce-lar e à maternidade. Estavam tão longe de pensar em direitos feministas que nem subiam nos palcos de teatro. Nas apresentações de *Antônio e Cleópatra*, os papéis femininos eram desempenhados por jovens atores iniciantes, rapazes com a voz fina e ainda por se desenvolver.

Apesar das brechas nos costumes femininos da época, a existência e aceitação na sociedade de uma mulher como Cleópatra, independente sob todos os pontos de vista – inclusive sexual – parecem improváveis. O que justificaria o sucesso de Cleópatra então e agora? Provavelmente, o final trágico. Cleópatra fez o que fez, amou quem quis e exerceu o poder, atitudes proibidas às mulheres, mas morreu no fim. Podia-se tolerar uma mulher tão independente quanto Cleópatra, desde que fosse punida no final, para sossego da moral e dos bons costumes.

Mais recentemente, por influência dos movimentos de direitos feministas e da revisão do papel histórico da última rainha do Egito, outras Cleópatras surgiram. Ser mulher independente, ambiciosa, politicamente articulada e sexualmente livre deixou de ser vergonha. Ficou moderno e contemporâneo. Assim, Cleópatra passou de renegada a símbolo de novas tendências políticas e de comportamento.

Houve quem a sugerisse como modelo de maternidade, por defender e proteger os filhos até o fim da vida. Houve ainda quem enxergasse nela uma revolucionária defensora do povo egípcio contra o jugo romano e, por extensão, de todos os povos sofredores do planeta. Essa faceta chegou a ser explorada no Egito em alguns momentos por correntes nacionalistas. Ela não era mais uma mulher promíscua, mas uma líder política a serviço de uma causa. Em outros momentos, foi banida da História egípcia por ser uma macedônia/europeia sem ligações com o país.

Nos anos 1970, quando a causa negra ganhou força no mundo e nos Estados Unidos, em particular, Cleópatra foi resgatada do esquecimento para a ribalta da História. Teria sido ela negra, já que nasceu num país africano? Ou seria branca/europeia? A escalação de mulheres brancas para o papel da rainha não seria uma negação da beleza, do poder e da história dos negros? Quem disse que Cleópatra tinha a cara de Elizabeth Taylor? O cinema não perdeu a chance de tirar proveito dessa polêmica.

Em 1973, a primeira Cleópatra negra do cinema fez sua aparição como uma agente da CIA, a agência de investigações dos Estados Unidos. No filme *Cleópatra Jones*, dirigido por Jack Starrett, a top model afroamericana Tamara Dobson faz o papel de uma agente secreta escalada para combater o tráfico de drogas. Negra, alta, magra e com os cabelos afros assumidos (em estilo *black power*, como se dizia na época), Tamara era a

Cartaz do filme *Cleópatra Jones* (1973) estrelado por Tamara Dobson.

Mônica Bellucci como Cleópatra
na comédia *Asterix e Obelix:
missão Cleópatra* (2002).

antítese de Elizabeth Taylor, embora tão linda quanto ela. Dois anos depois, veio *Cleópatra Jones e o Cassino de Ouro*, outra aventura da agente da CIA.

A prova mais contundente da popularidade de Cleópatra é sua "participação" em um dos filmes dos gauleses Asterix e Obelix, personagens de uma famosa história em quadrinhos surgida na França nos anos 1960. Em *Asterix e Obelix – Missão Cleópatra*, de 2002, os dois amigos, representados pelos atores Christian Clavier e Gérard Depardieu, juntam-se a Cleópatra para ajudá-la a ganhar uma aposta contra Júlio César (Alain Chabat). A atriz italiana Mônica Belluci é Cleópatra e o diretor, o próprio Chabat.

Cleópatra tornou-se um mito por ter sido uma personagem diferente dos padrões de sua época – e da nossa também. Ela nunca foi nem a rainha, nem a mulher, nem a mãe que se esperava. Por isso, desperta sentimentos contraditórios até hoje. É admirada e rejeitada ao mesmo tempo. Dois mil anos depois de sua morte, Cleópatra ainda é uma mulher fascinante.

BIBLIOGRAFIA

REFERÊNCIAS CLÁSSICAS

DIO, Cássio, *Roman History*. Trad. para o inglês de E. Cary. Cambrige/London: Loeb Classical Library/Harvard University Press, 1914-1927.

PLUTARCH. *The Parallel Lives: life of Antony*. Trad. para o inglês de B. Perrin. Cambridge/London: Loeb Classical Library/Harvard University Press, 1920.

REFERÊNCIAS CONTEMPORÂNEAS

BLACKABY, Susan. *Cleopatra*. London: Sterling Biographies, 2009.

BURSTEIN, Stanley M. *The Reign of Cleopatra*. Inglaterra: University of Oklahoma Press, 2007.

CALIFF, David J. *Battle of Actium*. Filadelfia: Chelsea House Publishers, 2004.

FODOR'S Egpty, *Fodor's Travels*, 2009.

GRIMAL, Nicolas, *A History of Ancient Egypt*. Trad. para o inglês de Ian Shaw. Blackwell Publishing, 2008.

JOHNSON, Paul. *Egito Antigo*. Brasil: Ediouro, 1999.

MANLEY, Bill. *The Penguin Historical Atlas of Ancient Egypt*. London: Penguin Books, 1996.

PRESTON, Diana. *Cleópatra and Antony*. Nova York: Walker & Company, 2009.

ROBLES, Martha. *Mulheres, mitos e deusas*. Trad. William Lagos e Débora Dutra Vieira. Brasil: Aleph, 1996.

ROLLER, Duane W. *Cleopatra: a Biography*. Nova York: Oxford University Press, 2010.

SCHMENTZEL, Christian-Gorges. *Cleópatra*. Trad. Paulo Neves. Porto Alegre: L&PM, 2009.

SHEPPARD, Si. *Actium 31 BC*. Inglaterra: Osprey Publishing, 2009.

SHAKESPEARE, William. *Antônio e Cleópatra*. Trad. Bárbara Heliodora. Rio de Janeiro: Lacerda, 2000.

TYLDESLEY, Joyce, *Cleopatra: last Queen of Egypt*. Nova York: Basic Books, 2008.

WEBSITES

The House of Ptolemy: <http://www.houseofptolemy.org>

Cleopatra on the web: <http://www.isidore-of-seville.com/cleopatra/index/html>

A AUTORA

Arlete Salvador é jornalista especializada em política e mestre em Relações Internacionais pela Universidade de Birmingham, na Inglaterra. Durante 20 anos de carreira jornalística, trabalhou em alguns dos mais prestigiosos órgãos de imprensa do país, como a revista *Veja* e os jornais *O Estado de S. Paulo* e *Correio Braziliense*. Nesse tempo, escreveu centenas de reportagens, artigos analíticos e uma coluna de notas sobre os bastidores do poder em Brasília, o que despertou seu interesse pela história de grandes líderes políticos e pelo exercício da Língua Portuguesa. É autora dos livros *A arte de escrever bem* e *Escrever melhor* (com Dad Squarisi), publicados pela Contexto.